AF472906

# CATALOGUE

DE LA

# BIBLIOTHÈQUE DE ST.-THOMAS D'AQUIN.

# APPROBATION

## DE MONSEIGNEUR DE QUÉLEN,

ARCHEVÊQUE DE PARIS.

HYACINTHE-LOUIS DE QUÉLEN, par la miséricorde divine et la grâce du saint-siége apostolique, archevêque de Paris, etc.

La lecture des mauvais livres est si pernicieuse et cause tant de ravages dans les âmes, que c'est une œuvre très-méritoire aux yeux de Dieu d'en détourner les fidèles. Les fondateurs de la Bibliothèque de Saint-Thomas d'Aquin, à Paris, se proposant d'atteindre ce but, en fournissant les moyens d'obtenir en lecture des livres propres à conserver les bons principes et capables d'affermir dans le bien les personnes vertueuses, nous avons approuvé et approuvons, par les présentes, l'établissement de ladite Bibliothèque.

Donné à Paris, sous notre seing, le sceau de nos armes et le contre-seing du secrétaire de notre archevêché, le 24 février 1839.

† HYACINTHE, Archevêque de Paris.

Par Monseigneur l'Archevêque,
MOLINIER, Chanoine Secrétaire.

IMPRIMÉ CHEZ PAUL RENOUARD,
rue Garancière, n. 5.

# CATALOGUE

ALPHABÉTIQUE ET MÉTHODIQUE

# DE LA BIBLIOTHÈQUE

## DE ST.-THOMAS D'AQUIN

Pouvant servir de complément AU CATALOGUE MÉTHODIQUE des meilleurs ouvrages d'instruction religieuse et de piété, publié par M. l'abbé B. DES BILLIERS.



*SE VEND AU PROFIT DE L'ŒUVRE*

DANS LE LOCAL DE LA BIBLIOTHÈQUE,

ouvert tous les jours de 10 heures à 3 heures, les dimanches et fêtes exceptés; passage Ste-Marie 3, près la rue du Bac.

PARIS,

AU BUREAU DE LA BIBLIOGRAPHIE CATHOLIQUE,

RUE DU BAC, PASSAGE SAINTE-MARIE, N° 3.

1845.

# AVERTISSEMENT ET OBSERVATIONS.

## I.

Les accroissements considérables de notre Bibliothèque et l'épuisement total de notre premier catalogue, nous faisaient, depuis quelque temps, une nécessité d'en publier un nouveau. Nous l'offrons enfin aux désirs réitérés de nos lecteurs, malgré l'inévitable inconvénient de ne le voir jamais complet, puisque de nouvelles acquisitions devront augmenter, chaque jour, le nombre de nos volumes ; ce qui nous obligera à publier de temps à autre des suppléments.

Tel qu'il est, cependant, ce Catalogue suffira pour faire apprécier notre OEuvre, et montrera que, si les ouvrages religieux en composent tout naturellement une partie notable, les livres d'instruction et même d'agrément, y sont également admis en grand nombre, de manière à satisfaire à peu près tous les besoins et tous les goûts. Notre pensée dominante est de prévenir le danger des mauvaises lectures, de combattre, autant qu'il est en notre pouvoir, leur funeste influence en offrant aux personnes de bonne volonté les moyens de se procurer facilement de bons ouvrages. Nous devions en faire un choix varié autant que possible; aussi, comme on le verra, nous admettons tout ce que la presse moderne produit de plus intéressant en tout genre, piété, instruction et polémique religieuse (1), histoire sacrée et profane, voyages, littérature, sciences morales et physiques, en un mot, tout ce qui peut édifier et instruire, plaire et récréer : nous n'excluons que les livres qui contiennent des détails contraires à la foi ou aux mœurs.

Nous n'avons pas besoin de faire ressortir ici l'utilité et les avantages de cette OEuvre ; le nombre et l'empressement toujours croissant

(1) Nous ne recueillons dans ce genre d'ouvrages que ceux qui conviennent aux simples fidèles.

de nos lecteurs, l'expérience qu'on en a faite dans beaucoup d'autres localités (1) en seraient déjà un témoignage irrécusable. Aujourd'hui, d'ailleurs, toute personne honnête et réfléchie comprend que le goût de la lecture se développant dans toutes les classes de la société, rien n'est plus important que de lui donner une bonne direction, et les moyens de se satisfaire sans danger ; car celui qui n'a pas à sa disposition des livres irréprochables, en trouvera facilement qui jetteront dans son cœur le poison de l'irréligion et de l'immoralité. Les mauvais livres pullulent de toutes parts, sous toutes les formes, souvent sous les titres les plus trompeurs ; les bons, au contraire, se font chercher ; la plupart des lecteurs ne savent pas les discerner ou ne peuvent se les procurer. En offrir un choix varié et intéressant, comme ceux que possède notre Bibliothèque, les mettre à la portée de toutes les personnes qui ne sacrifient pas la conscience à l'attrait d'une vaine curiosité, qui veulent lire pour s'instruire ou pour se distraire sans offenser leurs convictions religieuses et sans blesser l'intégrité des mœurs, c'est assurément une œuvre d'un mérite incontestable.

A ce titre, nous appelons sur elle l'intérêt de tous les gens de bien ; nous les invitons à favoriser ses développements par leur concours et par leurs dons ; ils ne sauraient les appliquer à une œuvre plus utile, et ils y seront excités par la pensée que toute bonne action porte toujours avec elle sa récompense.

## II.

Pour la composition du Catalogue, nous avons conservé le classement purement alphabétique, qui paraît en général plus commode pour la facilité des recherches. Un ordre méthodique et raisonné, suivant les différents genres d'ouvrages, a bien aussi son utilité, notamment celle de réunir et de présenter sous un seul point de vue les livres d'un même genre, ceux qui conviennent mieux à chaque classe de lecteurs, ou que tel lecteur désire de préférence, selon qu'il veut s'instruire ou se récréer. Mais il faut dire que si l'ordre méthodique possède cet avantage, il offre en lui-même une difficulté assez sérieuse, parce que, dans bien des cas, on ne peut décider au juste dans

(1) Des OEuvres de bons livres ont été fondées avec succès dans un grand nombre de villes de France, et il s'en établit tous les jours. Nous citerons parmi les plus importantes celles de Bordeaux, Lyon, Toulouse, Poitiers, Cambrai, Grenoble, Toulon, Saint-Omer, etc., etc.

quelle catégorie un livre doit être rangé, s'il convient bien spécialement à une classe de lecteurs plutôt qu'à une autre ; et il est vrai qu'un grand nombre conviennent à plusieurs classes à la fois. Cependant, dans le désir de rendre notre Catalogue aussi utile que possible, à nos lecteurs, nous avons adopté les dispositions suivantes :

Nous faisons précéder tous les titres de nos ouvrages de numéros d'ordre réguliers. Au moyen de ces numéros, nous donnons un classement méthodique que nous plaçons à la fin du Catalogue, et nous y divisons les ouvrages par catégories de lecteurs, suivant leur position, leur âge, leur degré d'instruction, etc.; nous faisons entrer dans chaque catégorie les principaux ouvrages qui nous semblent s'y rattacher plus particulièrement : seulement, au lieu d'en répéter les titres, nous nous bornons à les indiquer par leur numéro d'ordre dans le classement alphabétique. Ce mode d'abord exige moins d'espace; il procure cependant aux lecteurs la facilité de choisir avec plus de discernement et de trouver sans peine les lectures qui leur conviennent mieux, et de les varier selon leurs besoins ou leurs goûts; par là même il nous permet de donner à notre Catalogue le double avantage d'être tout à la fois alphabétique et méthodique.

## III.

Par cette disposition, ce Catalogue ne sera pas seulement utile aux lecteurs de la Bibliothèque de Saint-Thomas d'Aquin ; il pourra l'être aussi à tous ceux qui désirent connaître les livres les plus irréprochables sous le rapport religieux et moral. Le père y apprendra ceux qu'il peut donner à son fils; la mère ceux qu'elle peut en toute sécurité confier à sa fille ; il sera utile à toute personne qui désire n'acheter, lire ou faire lire que des ouvrages dont les doctrines sont à l'abri de tout soupçon ; aux chefs d'institution des deux sexes, qui y trouveront un choix de prix pour leurs élèves ; il sera utile particulièrement aux ecclésiastiques, aux hommes de bien qui veulent fonder des Œuvres de bons livres, des bibliothèques paroissiales.

Il peut aussi servir de complément au *Catalogue méthodique des meilleurs ouvrages d'instruction religieuse et de piété*, auquel nous avions le désir et pris, à peu près, l'engagement de joindre un Catalogue méthodique des meilleurs ouvrages d'éducation et de lecture d'agrément. On comprend ce qu'un tel travail comporte de difficultés, de soins et de temps. De nombreuses occupations ne nous permettant pas de nous y livrer aussi activement que nous le voudrions, nous avons pensé que, provisoirement du moins, et par les dispositions que nous venons d'exposer, le *Catalogue de la Bibliothèque de Saint-Thomas d'Aquin*, qui contient déjà un choix assez varié de bons ouvrages, pourrait en tenir lieu. S'il est incomplet, nous le compléterons successivement par les suppléments que le temps rendra nécessaires.

Pour l'utilité des personnes qui veulent fonder ou qui dirigent des Œuvres de bons livres, nous faisons imprimer séparément pour qu'on puisse se le procurer de même, à volonté, un exposé de l'ordre et du classement des ouvrages dans les rayons de notre Bibliothèque, de tout ce qui concerne le prêt et la manutention des livres ; avec ces renseignements, résultat de l'expérience, on pourra s'épargner des essais infructueux, quelquefois même décourageants.

## IV.

Tous les livres de notre Catalogue ont été choisis avec soin : ils peuvent être généralement estimés les meilleurs au point de vue religieux et moral, et placés avec sécurité entre les mains de tout le monde. — Si toutefois certains titres ou certains noms d'auteurs pouvaient alarmer quelques esprits, nous les prions d'observer avec attention que les ouvrages dont il s'agit appartiennent à des éditions particulières, qui seules méritent confiance, et que nous indiquons toujours, ou bien que nous en possédons des exemplaires corrigés qu'on ne se procurerait pas facilement hors de notre Bibliothèque (1). Aussi, pour éviter toute méprise à cet égard, nous avons soin de les faire précéder sur le Catalogue de ce signe [C].

D'autres ouvrages peuvent être lus par la plupart des lecteurs, mais avec quelque réserve : nous en avertissons par la lettre R placée à la suite du titre.

Les divers ouvrages faisant partie des collections connues sous les titres de *Bibliothèque catholique*, publiée par M. Lefort, à Lille ; de *Bibliothèque de la jeunesse chrétienne*, chez M. Mame et Cie, à Tours ; de *Bibliothèque instructive et amusante*, éditée par MM. Gaume frères, à Paris, sont classés comme les autres à leur lettre alphabétique : seulement nous les désignons par des lettres particulières placées à la suite du titre : (*L. L.*) pour la collection de M. Lefort ; (*M. T.*) pour celle M. Mame ; (*G. F.*) pour celle de MM. Gaume.

(1) Ces ouvrages sont corrigés par des cartons qui nous ont été confiés, dont nous possédons encore quelques exemplaires, et que nous pouvons céder au prix de 10 *cent.* chaque, aux personnes qui voudraient en faire le même usage.

# EXTRAITS

## DES DISPOSITIONS RÉGLEMENTAIRES,

### RECOMMANDÉS A L'ATTENTION DES LECTEURS.

---

L'ordre étant partout indispensable, surtout dans une œuvre ouverte, comme la nôtre, au public, on est instamment prié de se conformer aux règles qui suivent, et dont on reconnaîtra sans peine la sagesse et la nécessité.

1°

Les lecteurs admis à profiter des livres de la Bibliothèque, sont de deux classes : les uns paient une souscription, les autres sont admis à titre gratuit.

2°

Pour être souscripteur, il suffit de se présenter à la Bibliothèque et d'y déposer le prix de la souscription.

Pour être admis gratuitement, il faut en faire la demande à M. le directeur, et être connu ou recommandé par une personne connue, qui garantisse le soin du demandeur à conserver et à rendre exactement les ouvrages.

3°

Le prix de la souscription est de 10 fr. (1) par an, 6 fr. pour six mois, 1 fr. 50 c. pour un mois.

(1) On voit évidemment, par la modicité de cette souscription pour avoir droit de profiter des livres de la Bibliothèque pendant une année, qu'on doit plutôt la considérer comme un concours charitable à une œuvre excellente, qui n'a guère d'autre ressource pour se développer et faire face

4°

Chaque lecteur, en échange de sa souscription annuelle ou de sa demande d'inscription gratuite, reçoit une carte d'admission qui lui donne droit, pendant une année, d'emprunter des livres pour lui-même, pour les personnes de sa maison, ou pour d'autres à sa volonté, mais toujours sous sa responsabilité. — Cette carte doit être renouvelée chaque année.

5°

Une même personne peut prendre plusieurs souscriptions, et recevoir autant de cartes qui lui donnent droit à un plus grand nombre de volumes.

6°

Les souscripteurs ont droit, pour une carte, à deux volumes à la fois; les autres lecteurs à un volume.

7°

On ne lit point dans le local de la Bibliothèque, on vient seulement y prendre des livres pour les emporter et les lire chez soi.

8°

La carte d'admission dont il a été parlé ci-dessus doit être

à ses dépenses. Les personnes qui sont en état de pouvoir payer cette souscription, la donneront donc avec plaisir; celles qui n'en profiteraient pas pour elles-mêmes n'y seront pas moins excitées par le motif de procurer à beaucoup d'autres le précieux avantage des bonnes lectures. — Les lecteurs à titre gratuit aimeront aussi, sans doute, à contribuer à cette bonne œuvre par leur aumône volontaire, qui sera toujours reçue avec reconnaissance, quelque minime qu'elle soit. — Il ne faut pas oublier que la Bibliothèque de Saint-Thomas d'Aquin propage les bons livres dans la classse pauvre, dans les hôpitaux, partout où elle peut les introduire utilement.

présentée chaque fois qu'on vient demander un volume, qu'on en rapporte ou qu'on en renvoie un, lors même qu'on n'en prendrait point d'autre, parce que cette carte portant la date du jour où le volume a été prêté, elle aide à en retrouver promptement et à en effacer l'inscription.

9°

On n'est point tenu de se présenter soi-même à la Bibliothèque pour recevoir ou pour rendre des livres; on peut confier ce soin à une tierce personne chargée de produire la carte d'admission. — Dans ce cas on doit toujours désigner les ouvrages qu'on désire.

Mais comme il arrive nécessairement que beaucoup d'ouvrages sont en lecture, si on n'en désignait qu'un seul, il pourrait ne pas se trouver momentanément dans la Bibliothèque, quoique nous en possédions beaucoup en double ou triple exemplaire. On est donc invité à présenter ou à envoyer une liste de plusieurs ouvrages pour être plus sûr d'avoir un de ceux qu'on demande.

10°

La Bibliothèque n'admettant point toutes sortes d'ouvrages, mais seulement ceux qui n'offrent aucun danger sous le rapport religieux et moral, on n'est autorisé à demander que ceux qui sont portés sur le catalogue.

11°

Aucun livre ne doit sortir de la Bibliothèque sans qu'on ait inscrit son titre, la date du prêt, le nom et l'adresse de la personne à qui appartient la carte d'admission.

12°

Un volume ne sera pas gardé en lecture plus d'un mois.

— A l'expiration de ce terme il devra être rendu, ou tout au moins l'emprunteur demandera une prolongation, qui pourra être refusée si l'ouvrage est attendu par d'autres personnes.

Un livre qui n'aura pas été rendu à l'expiration du terme indiqué, sera réclamé par une lettre jetée à la poste, aux frais du lecteur retardataire.

13°

Toute personne qui a reçu un livre de la Bibliothèque est tenue d'en avoir soin, et de le rendre en bon état. — Elle en répond, et doit le remplacer ou tenir compte de sa valeur en cas de perte ou de notable détérioration. Cette responsabilité est encourue par les personnes qui prêtent leur carte d'admission.

Il est expressément recommandé de n'écrire ni sur les titres, ni sur les marges des volumes, de n'y tracer aucun signe, de ne point enlever les étiquettes, en un mot, d'éviter avec soin tout ce qui peut les endommager.

14°

Le personne préposée au prêt des livres, est en droit d'en refuser à celles qui ne se présenteraient pas aux heures indiquées, c'est-à-dire de 10 heures à 3 heures.

# CATALOGUE

## DE LA BIBLIOTHÈQUE DE SAINT-THOMAS D'AQUIN.

---

### A.

1 **ABEILLE** (l') poétique de la jeunesse; choix des sujets les plus remarquables de la poésie française ancienne et contemporaine, par A.-M. Gui. in-18.

2 **ABRÉGÉ** chronologique de l'Histoire d'Espagne, par Desormeaux. 5 vol. in-12.

3 **ABRÉGÉ** de l'Histoire générale des voyages, par J.-F. de la Harpe. *Edition revue et corrigée* par le baron de Roujoux. 30 vol. in-8.

4 **ABRÉGÉ** de l'Histoire du Bas-Empire de Lebeau, par F. Delarue. 5 vol. In-12.

5 **ABRÉGÉ** de la vie de dom Jean Mabillon, bénédictin, par dom Thierry Ruinart. In-12.

6 **ABRÉGÉ** des mémoires pour servir à l'Histoire du jacobinisme, par Barruel. 2 vol. in-12.

7 **ACTES** (les véritables) des martyrs, par dom Ruinart. 3 vol. in-12.

8 **ADALBERT**, ou l'Anacharsis chrétien au XIII^e^ siècle, par A. de Fontaine de Resbecq. 2 vol. in-18. (*G. F.*)

9 **ADAM**, ou la Création, par le vicomte Walsh. In-18.

10 **ADELAÏDE** de Lichtemberg, ou la Piété filiale, par l'abbé Hunkler. In-18. (*G. F.*)

11 **ADELAÏDE** de Wistbury, ou la Pieuse pensionnaire, par le P. Marin. In-12.

12 **ADÈLE**, ou la Pieuse villageoise. In-18. (*L. L.*)

13 **ADHÉMAR** de Belcastel, ou Ne jugez pas sans connaître. In-12, ou 2 vol. in-18. — (*L.-L.*)

14 **ADOLPHE**, ou la Conversion. In-18. (*L. L.*)

15 **AGITATION** (l') irlandaise depuis 1829; le procès, la condamnation et l'acquittement de Daniel O'Connell, par l'auteur du *Mouvement religieux en Angleterre*, avec une introduction sur l'action du clergé dans l'agitation, etc. In-12.

16 **AGNÈS**, ou la Petite joueuse de luth. In-18. (*M. T.*)

17 **AGNÈS** de Lauvens, ou Mémoires de sœur Saint-Louis, contenant le souvenir de son éducation et de sa vie dans le monde, par L. Veuillot. 2 vol. in-12.

18 **AIMABLE** (l') joug du seigneur. In-18. (*L. L.*)

19 **AIMÉE**, ou l'Ange d'une famille. In-18. (*L. L.*)

20 **ALBERT**, ou le Duel, par le comte du Coetlosquet. 2 vol. in-12.

1

21 **ALBERTINE**, ou la Connaissance de J.-C. In-18. (*M. T.*)

22 **ALBUM** du jeune botaniste. in-18. (*L. L.*)

23 **ALEXANDRE**, ou les Avantages d'une éducation chrétienne. In-18. (*G. F.*)

24 **ALFRED CAMPBELL**, ou le Jeune voyageur en Égypte, en Syrie et en Palestine, descriptions des monuments, des mœurs et des usages de ces contrées, par M. Hoffland. In-12.

25 **ALGER**, ou les Côtes d'Afrique, par A. de Fontaine de Resbecq. In-18. (*G. F.*)

26 **ALPES** et Pyrénées, arabesque littéraires composées de nouvelles historiques, anecdotes, etc. In-8.

27 **ALPHONSE DE MIRECOURT**, ou les Préventions contre la religion vaincues, par M. d'Exauvillez. In-12 et in-18.

28 **ALPHONSE**, ou Puissance de la vertu, par M. l'abbé Mitraud. In-12.

29 **ALPHONSE** et Philippe, ou Bonté de cœur et jalousie, par Madem. Brun. In-18. (*G. F.*)

30 **ALTON PARCK**, ou Conversations sur divers sujets moraux et religieux. 2 vol. in-8.

31 **AMALIA CORSINI**, ou l'Orpheline de Sienne. In-12. (*M. T.*)

32 **AME** (l') affermie dans la foi, par Baudrand. In-12.

33 **AME** (l') chrétienne formée par les maximes de l'Evangile, par le même. In-12.

34 **AME** (l') consolée, ou Madame de Montmorency à Moulins. In-18. (*G. F.*)

35 **AME** (l') contemplant les grandeurs de Dieu, par Baudrand. In-12.

36 **AME** (l') éclairée par les oracles de la sagesse, dans les paroles et les béatitudes évangéliques, par le même. In-12.

37 **AME** (l') élevée à Dieu par les réflexions et les sentiments pour chaque jour du mois, suivie de l'*Ame pénitente*, ou le nouveau *Pensez-y-bien*. In-12, et 2 vol. in-12.

38 **AME** (l') embrasée de l'amour divin par son union aux sacrés cœurs de Jésus et de Marie, par le même. In-12.

39 **AME** (l') fidèle, animée de l'esprit de Jésus-Christ par la considération sur les divers mystères, avec des considérations sur les mystères de la sainte Vierge, par le même. In-12.

40 **AME** (l') intérieure, ou Conduite spirituelle dans les voies de Dieu, augmentée de l'âme seule avec Dieu et de pratiques pour visiter le saint Sacrement, par le même. In-12.

41 **AME** (l') religieuse élevée à la perfection par les exercices de la vie intérieure, par le même. In-12.

42 **AME** (l') sanctifiée, ou la Religion pratiquée par la perfection de toutes les actions de la vie, par le même. In-12.

43 **AME** (l') sur le Calvaire, considérant les souffrances de Jésus-Christ, et trouvant au pied de la croix la consolation dans les peines; avec des prières, des pratiques et des histoires sur les différents sujets, par le même. In-12.

44 **AMELIE**, ou le Triomphe de la piété, par madame L. Bernier. In-12.

45 **AMÉRICAINES** (les), ou Preuves de la religion chrétienne par les lumières naturelles, par madame Leprince de Beaumont. 6 vol. in-12.

46 **AMI** (l') de l'enfance, ou Vie de J.-B. de La Salle, instituteur des frères des écoles chrétiennes. In-18. (*L. L.*)

47 **AMIS** (les), de collége, par M^me^ Césarie Farrence. In 12. (*L. L.*)

48 **AMIS** (les) de régiment. In-18. (*L. L.*)

49 **AMIE** (l') des jeunes personnes, par Mlle Anaïs Martin. In-12.

50 **AMIES** (les) de pension, histoire amusante à l'usage de la jeunesse, par M. Champagnac. In-12.

51 **AMOUR** (de l') de Dieu, par le P. Pallu. In-12.

52 **ANACHARSIS** (l') indien, ou les Voyageurs en Asie, par C.-H. de Mirval. In-12.

53 **ANALYSES** des merveilles de la création, par A.-M. Quibel. In-12.

54 **ANATOLE**, ou Épreuves de la piété filiale. In-18. (*M. T.*)

55 **ANDRÉ**, ou Bonheur dans la piété. In-18 (*M. T.*)

56 **ANDRÉAS**, ou le Prêtre soldat, épisode de la révolution française, par A. Devoile. 2 vol. in-12.

57 **ANECDOTES** contemporaines et inédites, accompagnées de réflexions propres à prémunir le peuple contre les séductions de la moderne philosophie. In-18. (*L. L.*)

58 **ANECDOTES** chrétiennes, ou Recueil de traits d'histoires choisies, par l'abbé Reyre. In-12.

59 **ANECDOTES** historiques et politiques sur la conquête d'Alger en 1830, par M. Merle. In-8.

60 **ANGE** (l') consolateur, ou Tableau des peines et afflictions de la vie, avec des motifs de résignation et de confiance. In-18. (*L. L.*)

61 **ANGE** (l') de la maison, par A.-E. de Saintes. In-12.

62 **ANGE** (l') gardien, par Stéphen de la Madelaine. In-12.

63 **ANGÉLINE** de Mazili. In-18. (*L. L.*)

64 **ANIMAUX** (les) industrieux, ouvrage instructif et amusant, destiné à la jeunesse des deux sexes, par B. Allent. In-12.

65 **ANNALES** de philosophie chrétienne, recueil périodique destiné à faire connaître tout ce que les sciences humaines renferment de preuves et de découvertes en faveur du christianisme, dirigé par A. Bonnetty, avec la collaboration de plusieurs littérateurs et savants français et étrangers. Il a paru 30 vol. in-8.

66 **ANNALES** de la propagation de la foi. Recueil périodique, etc., collection faisant suite aux Lettres édifiantes. In-8.

67 [c] **ANNALES** du moyen âge, ou Histoire des temps qui se sont écoulés depuis la décadence de l'empire romain jusqu'à la mort de Charlemagne, par Frantin. 8. vol. in-8.

68 **ANNALES** littéraires, ou Choix chronologique des principaux articles de littérature, par Dussault. 5 vol. in-8.

69 **ANNA**, ou la Piété filiale, par M. de Marlès. In-12. (*M. T.*)

70 **ANNÉE** (l') de Marie, ou Pèlerinages aux sanctuaires de la mère de Dieu, par MM. D. et B. 2 vol. in-12.

71 **ANNETTE**, ou l'Enfant de la charité, par Eugène Niogret. In-12.

72 **ANNETTE**, suivie de Béatrice. In-18. (*M. T.*)

73 **ANSELME**, ou le Mendiant. In-18. (*G. F.*)

74 **ANTIQUITÉS** de l'église saxonne, par John Lingard. In-8.

75 **ANTIQUITÉS** judaïques, ou Remarques critiques sur la république des Hébreux, par Basnage. 2 vol. in-12.

76 **ANTIQUITÉS** nationales, par Boutteville, sous la direction de M. Paulin Pâris. In-12.

77 **ANTOINE**, ou le Bon père de famille. In-18. (*L. L.*)

78 **ANTOINE**, ou le Retour au village. In-12.

79 **ANTOINE** et Maurice, ouvrage qui a obtenu le prix proposé par la société royale pour l'amélioration des prisons, en faveur du meilleur livre destiné à être donné en lecture aux détenus, par Laurent de Jussieu. In-12.

80 **ANTONIO**, ou l'Orphelin de Florence, par Pierre Marcel. In-18. (*M. T.*)

81 **APERÇUS** philosophiques sur le christianisme, ou la Foi du christianisme proposée à la raison, par le baron de Romécourt. In-8.

82 **APOLOGÉTIQUE** (l') de Tertullien. In-12.

83 **APOLOGIE** de l'Institut des Jésuites, par Cérutti. In-12.

84 **APOLOGIE** de Louis XIV et de son conseil sur la révocation de l'édit de Nantes, pour servir de réponse à la lettre d'un patriote sur la tolérance civile des protestants en France, avec une Dissertation sur la journée de la Saint-Barthélemy. In-8.

85 **APOLOGISTES** (les) involontaires, ou la Religion prouvée et défendue par les objections même des incrédules, par Mérault. In-12.

86 **APOLOGISTES** (les), ou la Religion prouvée et défendue par ses amis comme par ses ennemis, par Mérault. In-12.

87 **APRÈS LE TRAVAIL**, contes sous la feuillée, par Stéphen de la Madelaine. In-12.

88 **ARCHÉOLOGIE** chrétienne, ou Précis de l'histoire des monuments religieux au moyen âge, par M. l'abbé J.-J. Bourassé. In-8. (*M. T.*)

89 **ARISTIDE** et Idalie, ou les Vertus filiales, par M^me^ Delafaye-Bréhier. In-12.

90 **ART** (de l') chrétien, par A.-F. Rio. In-8.

91 **ART** (l') de rendre heureux tout ce qui nous entoure, ou Petit traité sur le caractère, par l'abbé Carron. In-18.

92 **ART** de se connaître soi-même, par Abbadie. In-12.

93 **ARTHUR** Daucourt, ou Voyage en Norwége. In-18. (*L. L.*)

94 **ARTHUR** et Laure, ou les Petits voyageurs français en Europe, par Antony Guichard. In-12.

95 **ARTHUR** et Théobald, ou la véritable amitié, histoire morale et intéressante du XII^e^ siècle, par J.-B.-J. Champagnac. In-12.

96 **ARTISAN** (l') chrétien, ou la Vie du bon Henri. In-18. (*L. L.*)

97 **ARTISANS** (les) célèbres, par F. Valentin. In-12. (*M. T.*)

98 **ASIE** et Amérique, ou Tableau intéressant de la religion, des mœurs, usages et coutumes diverses des populations de ces deux parties du monde. In-12.

99 **ATHANASE** le Grand et l'Eglise de son temps en lutte avec l'arianisme, par Jean-Adam Mœhler, traduit de l'allemand, avec une notice historique sur l'arianisme, par Jean Cohen. 3 vol. in-8.

100 **ATHLÈTE** (le jeune) chrétien, par M. l'abbé Mounaix. In-18. (*G. F.*)

101 **AUBERGE** (l') dangereuse, par P.-R. Micheland. In-18. (*G. F.*).

102 **AUGUSTE.** In-18. (*L. L.*)

103 **AUGUSTE**, ou le Jeune pâtre de Detteinhem. In-18. (*M. T.*)

104 **AUGUSTE FAUVEL.** In-18. (*L. L.*)

105 **AUGUSTE** et Noémi, souvenir d'une mère, par M^me^ E. Guinard, née Demante. In-8.

106 **AUGUSTINE**, ou les Avantages d'une éducation chrétienne. In-18. (*L. L.*)

107 **AURÉLIE**, ou le Monde et la piété, par M. d'Exauvillez. In-12. (*M. T.*)

108 **AURÉLIE** et Mathilde, ou Orgueil et modestie, par Victor Doublet. In-12.

109 **AUTOMNE** (l'), ou Considération sur les œuvres de Dieu, par Mlle Brun. In-18. (*G F.*)

110 **AUTORITÉ** des livres du Nouveau-Testament contre les incrédules, par l'abbé Duvoisin. In-12.

111 **AUX INCRÉDULES** et aux croyants, l'athée redevenu chrétien, ouvrage posthume de M. Delauro-Dubez, conseiller à la Cour royale de Montpellier. In-8.

112 **AVANTAGES** de l'amitié chrétienne. In-12.

113 **AVENTURES** de Carver chez les sauvages de l'Amérique septentrionale. In-12. (*M. T.*)

114 **AVENTURES** (les) de Roger, ou les Dangers des mauvaises compagnies, histoire morale, instructive et amusante, par Mme Julie Delafaye Bréhier. In-12.

115 **AVENTURES** de Télémaque, par Fénelon (*Edition* A. M. D. G.). In-12.

116 **AVENTURES** d'un jeune naufragé, ou Voyage d'un petit nègre à la recherche de son maître. In-12.

117 **AVENTURES** et conquêtes de Fernand Cortez au Mexique, par Henri Lebrun. In-12. (*M. T.*)

118 **AVENTURES** et voyages de Robinson Crusoé, trad. de Daniel de Foé. 2 vol. in-12. (*M. T.*)

119 **AVERTISSEMENTS** de la Providence dans les calamités publiques, par S. Alph. de Liguori. In-18. (*L. L.*)

120 **AVERTISSEMENTS** de saint Vincent de Lérins touchant l'antiquité, l'universalité et les mystères de l'Eglise. In-12.

121 **AVIS** d'une mère à son fils et à sa fille, par Mme de Lambert. In-18. (R.)

## B.

122 **BASTIEN**, ou le Dévouement filial, par Mme C. Farrenc. In-18. (*M. T.*)

123 **BEAU** (le) soir de la vie, ou Traité sur l'amour de Dieu, par l'abbé Carron. In-18.

124 **BEAUTÉS** (les) de la foi, ou le Bonheur de croire en J.-C. et d'appartenir à la véritable Eglise, par le R. P. J. Ventura, trad. de l'italien par l'abbé Christophe. 2 vol. In-12.

125 **BEAUTÉS** des études et des harmonies de la nature, par A. M. Quibel, In-12.

126 **BEAUX TRAITS** de l'histoire militaire des Français. 2 vol. in-12.

127 **BEAUX TRAITS** du jeune âge. In-12.

128 **BELGIQUE** (de la) et de l'Allemagne, par le baron de Mangin-Fondragon. In-8.

129 **BENJAMIN**, ou l'Elève des frères des Écoles chrétiennes, par Logeais. In-18. (*M. T.*)

130 **BÉRÉNICE**, ou le Pèlerinage à Jérusalem, par M. Berthou. In-12.

131 **BERGER** (le) d'Helfédanges, chronique du XVIIIe siècle. In-18.

132 **BERNARD** et Armand, ou les Ouvriers chrétiens. In-18. (*M. T.*).

133 **BERQUIN** (le) du hameau, ou le Conteur des Bords-du-Rhône, par Rhénal. In-12.

134 **BERTHE**, ou Mémoires d'une jeune fille, par Alexandrine D***. In-12.

135 **BIBLE** (la sainte), traduite en français, avec des explications sur le sens littéral et spirituel, par Le Maistre de Sacy. 32 vol. in-8.

136 **BIBLE** (la sainte) vengée des attaques de l'incrédulité et justifiée de tout reproche de contradiction avec la raison, par l'abbé du Clot. 3 vol. in-8.

137 **BIBLIOTHÉQUE** choisie des Pères de l'Eglise grecque et latine, ou Cours d'éloquence sacrée, par Mgr. M.-N.-S. Guillon. 26 vol. in-8.

138 [c.] **BIBLIOTHÉQUE** géographique de la jeunesse, ou Recueil de voyages intéressants dans toutes les parties du monde, trad. de l'Allemand et de l'anglais, et mis à la portée des jeunes gens, par Breton. 72 vol. en 36. In-18.

139 **BIBLIOTHÉQUE** poétique de la jeunesse, ou Recueil de pièces et de morceaux de poésie propres à orner l'esprit et à former le cœur, par l'abbé Reyre, édition corrigée et augmentée. 2 vol. in-12.

140 **BIENFAITS** de la Providence, ou les Effets de la bonne éducation. in-18. (*L. L.*)

141 **BIENFAITS** de la religion, ou Histoire des institutions utiles qu'elle a fondées, par M. Delacroix. 2 vol. in-18. (*G. F.*)

142 **BIENFAITS** des missionnaires, ou Histoire abrégée des missions de l'Amérique. In-18. (*L. L.*)

143 **BIENHEUREUX** (le) Nicolas de Flue et les confédérés à l'assemblée de Stanz, trad. de l'allemand. In-12.

144 **BIENHEUREUSE** (la) Marie de l'Incarnation, fondatrice des Carmelites de France, par M. l'abbé Trou. In-12.

145 **BILBOCHE**, ou l'Education de la nécessité, par A.-E. de Saintes. In-12.

146 **BLANCHE DE BOURBON**, ou Reine et Martyre, chronique du XIVe siècle, par Alexandrine Desves. In-12.

147 **BLANCHE DE QUÉLEN**, ou l'Héroïne chrétienne, épisode des croisades, par M. l'abbé L.-A. de Montigny. In-8.

148 **BON** (le) chevalier sans paour et sans reprousche, en style gothique très-intelligible. In-18 (*Bibliothèque choisie*, publiée par M. Laurentie). In-18.

149 **BON CURÉ** (le), ou Réponses aux Objections populaires contre la religion, par M. d'Exauvillez. In-18.

150 **BON PAYSAN** (le), ou Thomas converti, seconde partie du *Bon Curé*, par M. d'Exauvillez. In-18.

151 **BONHEUR** d'une famille chrétienne, ou Esquisse sur quelques travers de la société et sur l'unique moyen de trouver la félicité dès ce monde. In-18. (*L. L.*)

152 **BONHEUR** des époux chrétiens, ou Moyens qu'offre la religion pour vivre heureux et se sanctifier dans le mariage. In-18. (*L. L.*)

153 **BONNE** (la) mère de famille, ou Souvenirs de la vie de Mme ***, recueillie par une de ses amies. In-18. (*L. L.*)

154 **BON SENS** (le) du peuple. In-18. (*L. L.*)

155 **BOUQUET** (le) de roses. In-18. (*G. F.*)

156 **BOURBONS** (les) de Goritz et les Bourbons d'Espagne, par le comte de Custine. In-8.

157 **BRACONNIERS** (les). In-18. (*M. T.*)

158 **BRAMINES** (les), ou le Triomphe de la religion chrétienne, par Adrien Lemercier. In-18. (*M. T.*) C.

## C.

159 **CABANE** (la) du pêcheur. In-18. (*L. L.*)

160 **CABINET** (le) du jeune naturaliste, ou Tableaux intéressants de l'histoire des animaux, offrant la description de la nature, les mœurs et les habitudes des quadrupèdes, oiseaux, poissons, amphibies, reptiles les plus remarquables; trad. de l'anglais de M. Thomas Schmith. 6 vol. in-12.

161 **CAMPAGNES** du corps sous les ordres de S. A. S. Mgr. le prince de Condé, par le marquis d'Ecquevilly. 3 vol. in-8.

162 **CAPITAINE** (le) Pamphile, par Alex. Dumas. 2 vol. in-8.

163 **CAPTIVITÉ** de Louis XVI, journal de Cléry. In-12, ou in-18.

164 **CARACTÈRES** (les) de La Bruyère. *Edition corrigée*. In-12. (*M. T.*)

165 **CARDINAL FESCH** (le), archevêque de Lyon, etc., fragments biographiques, politiques et religieux, pour servir à l'histoire ecclésiastique contemporaine, par M. l'abbé Lyonnet. 2 vol. in-8.

166 **CARÊME** populaire, ou l'Ecole de Jésus souffrant, etc., par le P. Ignace, prêtre passioniste. In-18. (*L. L.*)

167 **CAROLINE**, ou l'Orpheline de Jurançon. In-18. (*M. T.*)

168 **CATÉCHISME** philosophique, ou Recueil d'observations propres à défendre la religion chrétienne contre ses ennemis, par l'abbé Flexier de Réval. (*Feller.*) In-8.

169 **CATÉCHISME** spirituel de la perfection chrétienne, par le P. Surin. 2 vol. in-12.

170 **CATHOLICISME** en action, par J. de Garaby. In-12.

171 **CATHOLICISME** (le) vengé des assertions de la philosophie et du protestantisme, ou Lettres d'un père à son fils sur certains dogmes et événements défigurés par les incrédules et les hérétiques, par J.-B. Bernard. In-12.

172 **CAUSERIES** (les) d'une bonne mère, ou une Histoire par jour. In-12.

173 **CAUSERIES** littéraires et morales sur quelques femmes célèbres, par Emile Deschamps. In-12.

174 **CAVERNE** de la forêt. In-18. (*L. L.*)

175 **CÉCILE**, ou la Jeune organiste, par Mlle Benoît. In-18. (*G. F.*)

176 **CÉLINE**, ou l'Influence d'un bon caractère, par Mme Manceau Hoyais. In-12.

177 **CERTITUDE** des preuves du christianisme, par Bergier. In-12.

178 [c.] **CÉSARS** (les), par le comte Franz de Champagny. 4 vol. in-8.

179 **CHANTS** de l'aurore, poésies, par l'abbé Dupuy. In-12.

180 **CHANTS** de l'exil, poésies religieuses, par A. Devoile. In-12.

181 **CHANTS** historiques, extraits des poésies de Silvio Pellico. In-12.

182 [c.] **CHANTS** pour tous, par le marquis de Foudras. In-8.

183 **CHARITÉ** (la). In-18. (*L. L.*)

184 **CHARITÉ** (la) considérée dans son principe, ses applications et son influence sur les mœurs et l'économie sociales, par Renvoisé. In-12.

185 **CHARITÉ** (la) envers le prochain, ses motifs et ses devoirs, par le P. Pallu. In-12.

186 **CHARITÉ** mène à Dieu, histoire contemporaine, par Adolphe Archier. In-12.

187 **CHARLES**, ou le Bonheur de rencontrer un véritable ami, par l'auteur de Valentin. In-18.

188 **CHARLOTTE** et Ernest. In-18. (*L. L.*)

189 **CHARMES** (les) de la Société du chrétien. In-18. (*L. L.*)

190 **CHARMES** (les) de l'ermitage, historiettes et nouvelles propres à former le cœur et l'esprit de la jeunesse, par M^lle^ Elise Brun. In-18.

191 **CHATEAU** (le) de Malpertus, conversations sur les commandements, par M. d'Exauvillez. In-18.

192 **CHAUMIÈRE** (la) irlandatse. In-18. (*M. T.*)

193 **CHEFS-D'OEUVRE** de Démosthènes et d'Eschine, nouvelle traduction française, précédée d'un discours préliminaire et accompagnée de notes et d'analyses, par M. l'abbé Jager. 2 vol. in-8.

194 **CHEFS-D'OEUVRE** de l'Eloquence française et de la tribune anglaise, par M. l'abbé Marcel. 2 vol. In-8.

195 **CHEMIN** (le) des Ecoliers. In-18.

196 **CHEMIN** (le) du Ciel, et le plus court moyen pour aller à Dieu, par le cardinal Bona. In-12.

197 **CHOIX** de beaux exemples tirés des auteurs anciens et modernes, pour l'instruction et l'amusement de la jeunesse. In-12. (*M. T.*)

198 **CHOIX** de Dialogues des morts de Lucien, Fontenelle et Fénelon (*Bibl. de Ch. Laurentie*). In-18.

197 **CHOIX** de Lectures chrétiennes et d'Anecdotes intéressantes. In-18. (*L. L.*)

200 **CHOIX** de Poésies, avec une préface, par Em. Deschamps. In-12.

201 **CHOIX** des Poésies de Ronsard. (*Bibl. de Ch. Laurentie*). In-18.

202 **CHOIX** des Poésies inédites de Silvio Pellico. In-18. (*L. L.*)

203 **CHRÉTIEN** (le) catholique inviolablement attaché à sa religion, par N.-J.-A. de Diessbasch. In-12.

204 **CHRÉTIEN** (le) consolé dans les diverses situations de la vie par la confiance en Dieu. In-18. (*L. L.*)

205 **CHRÉTIEN** (le) par sentiment, par Marabail. In-12.

206 **CHRIST** (le) devant le siècle, ou Nouveaux témoignages des sciences en faveur du catholicisme, par Roselly de Lorgues. In-12.

207 **CHRISTIADE** (la), poème épique de M. J. Vida, évêque d'Albe, première traduction française, par M. de Latour, curé de Saint-Thomas d'Aquin. In-8.

208 **CHRISTIANISME** (le), ou Preuves et caractères de la religion chrétienne, par le docteur Pointer, traduit de l'Anglais, par Louis-Gabriel Taillefer. In-12.

209 **CHRISTIANISME** présenté aux hommes du monde, par Fénelon, ouvrage recueilli et mis en ordre par M. l'abbé Dupanloup. 4 vol. In-18.

210 **CHRISTINE**, ou la Religion dans le malheur, par M^me^ de Ste-Marie. In-18. (*G. F.*)

211 **CHRISTOPHE COLOMB.** 2 vol. In-18. (*G. F.*)

212 **CHRONIQUE** d'Einsidlen, Notre-Dame-des-Ermites, d'après d'Achery, Bernon...., etc., etc., par Joseph Régnier. In-8.

213 **CHRONIQUE** de France, par M^me^ Amable Tastu. In-8.

214 **CHRONIQUE** de Grégoire de Tours, sur l'histoire de France; par J.-J. Roy. In-12. (*M. T.*)

215 **CHRONOLOGIE** historique des papes, des conciles généraux et des conciles des Gaules et de France, par C. de Malastrie. In-8.

216 **CLÉMENTINE**, ou le Modèle des chrétiens dans le malheur et l'abandon, par J.-B. G. 2 vol. In-18. (*G. F.*)

217 **CLERGÉ** de France, ou Beaux exemples donnés par des prêtres. In-12.

218 **CLOTILDE**, ou l'Elève des sœurs, par M. l'abbé Juchereau. In-18. (*M. T.*)

219 **CLOTILDE**, ou Nouvelle civilité, par Mme Tarbé des Sablons. In-12.

220 **COLONIE** (la) chrétienne, histoire de plusieurs déportés jetés par un naufrage dans une île déserte, par C. Sabatier de Castres. 2 vol. in-12.

221 **COMMENTAIRES** de saint Augustin sur le sermon de N. S. sur la montagne. In-18.

222 **COMPAGNONS** (les) d'enfance, mémoires recueillis par M. Delacroix. In-18. (*G. F.*)

223 **COMTE DE VARFEUIL** (le), ou les Combats de la foi dans l'adversité, par M. d'Exauvillez. In-8.

224 **COMTE DE VALMONT** (le), ou les Egarements de la raison, par l'abbé Gérard. 6 vol. in-12. (R.)

225 **CONCORDANCES** des écritures, des pères et des Conciles des cinq premiers siècles avec la doctrine de l'Église catholique romaine, ou Réponse à l'ouvrage de M. Luscomb, évêque anglican, par A. Zéloni. In-12.

226 **CONFÉRENCES** de Notre-Dame de Paris, par le R. P. Lacordaire. In-8.

227 **CONFÉRENCES** et discours inédits, par M. D. Frayssinous. 2 vol. in-12.

228 **CONFÉRENCES** philosophiques sur la religion, par Isidore de Montmeyan. In-8.

229 **CONFÉRENCES** spirituelles pour bien mourir à soi-même et pour bien aimer Jésus, par le P. Guilloré. In-8.

230 **CONFÉRENCES** sur les cérémonies de la semaine sainte à Rome, par Mgr. Wiseman. In-12.

231 **CONFÉRENCES** sur les doctrines et les pratiques les plus importantes de l'Église catholique, par Nicolas Wiseman, trad. de l'anglais par N. Nettement. 2 vol. in-8. Les mêmes abrégées. In-12.

232 **CONFÉRENCES** théologiques et spirituelles sur les grandeurs de Dieu, par le P. L.-F. d'Argentan, capucin. 2 vol. in-8.

233 **CONFÉRENCES** théologiques et spirituelles sur les grandeurs de J.-C., par le P. L.-F. d'Argentan, capucin. 2 vol. in-8.

234 **CONFÉRENCES** théologiques et spirituelles sur les grandeurs de la très sainte Vierge Marie mère de Dieu, par le P. L.-F. d'Argentan. 2 vol. in-8.

235 **CONFESSEURS** (les) de la foi dans l'Eglise gallicane, à la fin du XVIIIe siècle, ouvrage rédigé sur des mémoires authentiques, par l'abbé Carron. 4 vol. in-8.

236 **CONFESSION** (de la), sa divinité et ses avantages prouvés par les faits, par M. l'abbé Guillois. In-12.

237 **CONFESSIONS** (les) de saint Augustin. 2 et 1 vol. in-12. (R.)

238 *Les mêmes*, à l'usage de la jeunesse, publiées par M. l'abbé T. Boulangé. In-12.

239 **CONJURATIONS** de l'impiété contre l'humanité, par Mérault. In-8.

240 **CONNAISSANCE** (de la) de Dieu et de soi-même, par Bossuet. In-8 ou in-12.

241 **CONNAISSANCE** (de la) et de l'amour de N.-S. J.-C., par le P. Pallu. In-12.

242 **CONQUÊTE** de Grenade d'après Washington-Irwing, par Adrien Lemercier. In-12. (*M. T.*)

243 **CONQUÊTES** du Pérou et histoire de Pizarre, par Henri Le Brun. In-12. (*M. T.*)

244 **CONSEILLER** (le) des familles, publication mensuelle en 1832-1833. 3 vol. in-18.

245 **CONSEILS** d'une mère chrétienne à sa fille. In-18. (*L. L.*)

246 **CONSEILS** et exemples en forme de Dialogue sur la sanctification du dimanche, les mauvais livres, les parures immodestes. In-18. (*L. L.*)

247 **CONSIDÉRATIONS** affectueuses sur quelques vérités de la religion, trad. de l'italien de S. Liguori. In-18. (*L. L.*)

248 **CONSIDÉRATIONS** sur divers points de la morale chrétienne, par le cardinal de La Luzerne. 4 vol. in-12.

249 **CONSIDÉRATIONS** sur la France, par le comte Joseph de Maistre. In-8.

250 **CONSIDÉRATIONS** sur la passion de N.-S. J.-C., par le cardinal de La Luzerne. In-12.

251 **CONSIDÉRATIONS** sur la propagation des mauvaises doctrines. In-12.

252 **CONSIDÉRATIONS** sur le dogme générateur de la piété catholique, par M. l'abbé Gerbet. In-12.

253 **CONSIDÉRATIONS** sur les doctrines religieuses de M. Victor Cousin, par Vincent Gioberti, trad. de l'italien par M. l'abbé V. Tourneur, précédé d'un exposé méthodique du système de M. V. Cousin. In-8.

254 **CONSIDÉRATIONS** sur les maximes éternelles, par Saint-Alphonse de Liguori, trad. de l'italien par l'abbé Marquet. In-12.

255 **CONSIDÉRATIONS** sur les mœurs du XVIII^e siècle, par Duclos. In-12.

256 **CONSIDÉRATIONS** sur les œuvres de Dieu, dans le règne de la nature et de la providence, trad. de l'allemand de Sturm. 3 vol. in-12.

257 **CONSIDÉRATIONS** sur les quinze premiers papes du nom de Grégoire, par le chevalier Artaud de Montor. In-8.

258 **CONSOLATION** contre les frayeurs de la mort, par le R. P. Thorentier. In-18.

259 **CONSOLATION** (la) de la philosophie de Boëce, traduite par M. C***, dédiée aux âmes malheureuses. In-12.

260 **CONSOLATION** (la) du chrétien, par l'abbé Roissard. 2 vol. in-12.

261 **CONSOLATIONS** (les) de la religion dans la perte des personnes qui nous sont chères, par O.-M.-Louis Provana de Collegno. In-18.

262 **CO TEMPLATIONS** poétiques et religieuses, par Octave Ducros. In-8.

263 **CONTES** à ma jeune famille, par M^me Mallès de Beaulieu. In-12.

264 **CONTES** de Bretagne, par Paul Féval. In-12.

265 **CONTES** du Bocage, précédés d'un tableau historique des premières guerres de la Vendée, par M. Edouard Ourliac. In-12.

266 **CONVERSATIONS** chrétiennes sur la religion et la morale de Jésus-Christ par le père Malebranche. In-18.

267 **CONVERSATIONS** entre une mère et ses enfants sur les principaux points de la morale chrétienne, par Mme de Maussion. In-18.

268 **CONVERSATIONS** sur le schisme. In-18.

269 **CONVERSION** (la) motivée d'un israélite, par M. de Lavernéa ex-israélite. In-8.

270 **CORRESPONDANCE** de famille sur le choix des amis et sur le danger des mauvaises liaisons. In-12 ou in-18. (*L. L.*)

271 **CORRESPONDANCE** d'Orient, 1830-31, par MM. Michaud et Poujoulat. 7 vol. in-8.

272 **CORRESPONDANCE** de Sophie, par l'auteur des Trois Paulines. 2 vol. in-18.

273 **CORRESPONDANCE** et mémoires d'un voyageur en Orient, par Eugène Boré. 2 vol. in-8.

274 **COSMOGONIE** de la révélation, ou les Quatre premiers jours de la Genèse en présence de la science moderne, par M. N.-P. Godefroy. In-8.

275 **COSMOGONIE** (de la) de Moïse, comparée aux faits géologiques, par Marcel de Serre. 2 vol. in-8.

276 **COUP D'ŒIL** sur Lisbonne et Madrid en 1834, suivi d'un Mémoire concernant la constitution promulguée par les cortès, à Cadix, par Ch. d'Hautefort. In-8.

277 **COURONNE** de la grâce. In-18. (*L. L.*)

278 **COURS** (nouveau) d'histoire de France, par A. Mazas. 4 vol. in-8.

279 **COURS** de leçons religieuses et historiques, dédié aux élèves de la Maison royale de la Légion-d'Honneur, par Mme la baronne Dannery, sur-intendante. 2 vol. in-12.

280 [c.] **COURS** de littérature profane et sacrée, par F.-J. Colombet. 4 vol. in-8.

281 **COUVENT** (le) de St-Lazare à Venise, ou Histoire succincte des méchitaristes arméniens, par M. Eugène Boré. In-12.

282 **CROIX** (la) au bord du chemin. In-18. (*M. T.*)

283 **CROIX** (la) de bois, traduit de l'allemand de Cristophe Schmid, par Louis Friedel. In-18. (*M. T.*)

284 **CROIX** de la forêt, récit destiné aux habitants des villes et des campagnes. In-18. (*L. L.*)

285 **CRUZAMANTE**, ou la Sainte amante de la croix. In-12.

286 **CURÉ** (le) et le ministre protestant, réfutation des doctrines protestantes répandues dans les brochures publiées par une société dite des traités religieux. In-18.

## D.

287 **DANGER** de la légèreté. In-18. (*L. L.*)

288 [c.] **DANTE**, ou la Philosophie catholique au XIIIe siècle, par Ozanam. In-8.

289 **DÉCADENCE** (de la) des lettres et des mœurs, depuis les Grecs et les Romains jusqu'à nos jours, par Rigoley de Juvigny. In-8.

290 **DÉFENSE** de l'Eglise catholique contre l'hérésie constitutionnelle qui

soumet la religion au magistrat, renouvelée dans ces derniers temps, par M. l'abbé Boyer, directeur au séminaire Saint-Sulpice. In-8.

291 **DÉFENSE** de la morale catholique contre l'histoire des républiques italiennes de M. Sismondi, par Manzoni, traduit de l'italien par M. l'abbé Delacouture. In-12.

292 **DÉFENSE** du christianisme, ou Conférences sur la religion, par M. Frayssinous. 4 vol. in-12.

293 **DÉISME** (le) réfuté par lui-même, ou Examen, en forme de lettres, des principes d'incrédulité répandus dans les divers ouvrages de Rousseau, par Bergier. In-12.

294 **DÉLAIS** de la justice divine dans la punition des coupables, traduits de Plutarque, par M. le comte de Maistre. In-8.

295 **DELASSEMENT** de ma fille, ou la Morale des jeunes personnes, par A. E. de Saintes. 2 vol. in-12.

296 **DÉLICES** (les) de la religion, ou le Pouvoir de l'Evangile pour nous rendre heureux. In-12.

297 **DELPHINE**, ou la Langue sans frein, par Mlle Brun. In-18. (*G. F.*)

298 **DÉMOCRATIE** (de la) en Amérique, par M. Alexis de Tocqueville. 2 vol. in-8.

299 **DÉMONSTRATION** évangélique, suivie d'un essai sur la tolérance, par J.-B. Duvoisin. 2 vol. in-12.

300 **DÉMONSTRATIONS** évangéliques, des principaux apologistes de la religion, reproduites intégralement et publiées par M***, éditeur des *Cours complets*. 16 vol. in-4.

301 **DÉODAT**, ou l'Ascendant de la religion. In-18. (*G. F.*)

302 **DÉPUTÉ** (le) père de famille, par un bachelier ès-sciences. In-18.

303 **DERNIERS** jours de Pompéi, imité de Bulwer, par Adrien Lemercier. In-12. (*M. T.*)

304 **DERNIER** (le) des Rabasteins, par Al. Mazas. In-8.

305 **DERNIERS** jours du condamné Félix Robol. In-18. (*L. L.*)

306 **DESCRIPTION** de l'Amérique méridionale, d'après Georges Juan, Antonio d'Ulloa, de la Condamine et Frézier. In-12.

307 **DESTRUCTION** (de la) de Jérusalem et la dispersion des Juifs, preuves de la divinité du christianisme, par l'abbé H..... In-12.

308 **DEUX** (les) amis, ou Entretiens sur la religion. In-18. (*L. L.*)

309 **DEUX AMIES** (les) de pension, nouvelle suivie de la *Prison* et de *Lucie*, ou la Messe de minuit, par Mlle Julie Gouraud. In-18.

310 **DEUX** (les) apprentissages, par M. Fortunat. In-18. (*G. F.*)

311 **DEUX** chanceliers d'Angleterre, Bacon de Vérulam et S. Thomas de Cantorbéry, par Ozanam. In-8.

312 **DEUX FAMILLES** (les), par Mme Julie Delafaye-Bréhier. In-12.

313 **DEUX FRÈRES** (les), ou les Difficultés d'une réconciliation, ouvrage imité de l'allemand, par l'auteur d'*Adhémar de Belcastel*. In-18. (*L. L.*)

314 **DEUX JUMELLES** (les), ou la Famille du meunier, par Alexandrine Desves. In-12.

315 **DEUX MARINS** (les), ou le Triomphe de l'amitié. 2 vol. in-18. (*L. L.*)

316 **DEUX ORPHELINS** (les), ou Marie pour mère, par Mme de Sainte-Marie. In-18. (*G. F.*)

317 **DEVOIR** et récompense, ou les Trois camarades de pension, par J.-B.-J. Champagnac. In-12.

318 **DEVOIRS** (les) des hommes, discours à un jeune homme, par Silvio Pellico. In-18.

319 **DEVOIRS** du jeune chrétien. In-18. (*L. L.*)

320 **DEVOIRS** (les) d'une femme, histoire contemporaine, par Adolphe Archier. In-12.

321 **DÉVOTION** (la) réconciliée avec l'esprit, par Lefranc de Pompignan, nouv. édit. 2 vol. in-18.

322 **DÉNOUEMENTS** (les), par Eugène Nyon. In-12.

323 **DIABLE BOITEUX** (le) de Lesage, édition donnée par M. Grandmaison-y-Bruno, à Poitiers. In-18.

324 **DIALOGUES** des morts, par Fénelon. In-18.

325 **DIALOGUES** et Vie du duc de Bourgogne, père de Louis XV, par l'abbé Millot. In-8.

326 **DIALOGUES** spirituels, où la perfection chrétienne est expliquée pour toutes sortes de personnes, par le P. Surin. 2 vol. in-12.

327 **DIALOGUES** sur la nature et la source du véritable bonheur, par M. d'Exauvillez. In-18.

328 **DIALOGUES** sur la sanctification du dimanche. In-18. (*L. L.*)

329 **DICTIONNAIRE** historique d'éducation, ou Recueil d'anecdotes, de faits mémorables et instructifs, abrégé de Filassier. 2 vol. in-12.

330 **DICTIONNAIRE** philosophique de la religion, où l'on établit tous les points de doctrine attaqués par les incrédules, et où l'on répond à leurs objections, par l'abbé Nonnotte. 4 vol. in-12.

331 **DIEU** me voit. In-18. (*L. L.*).

332 **DIMANCHE** (le), par M. Le Courtier, curé des Missions étrangères. In-8.

333 **DIMANCHE** (le), ou Bonheur que procure la sanctification de ce jour, par L.-F, G***. In-18.

334 **DIMANCHE** (le) utilement employé, ou Dialogue sur les vérités de la religion. In-18. (*L. L.*)

335 **DIRECTION** maternelle de la jeune fille, par M^me^ F. Saunders. In-12.

336 **DISCOURS** sur la comédie, ou traité historique et dogmatique des jeux de théâtre et des autres divertissements comiques soufferts ou condamnés depuis les premiers temps de l'Eglise jusqu'à présent, par le P. Lebrun. In-12.

337 **DISCOURS** sur l'histoire universelle, par Bossuet. In-8.

338 **DISCOURS** sur le progrès des lettres en France, par Rigoley de Juvigny. In-8.

339 **DISCOURS** sur les rapports entre la science et la religion révélée, prononcés à Rome par Mgr. Wiseman, publiés par M. de Genoude. In-12.

340 **DISSERTATION** critique sur la vision de Constantin, par l'abbé Duvoisin. In-12.

341 **DISSERTATION** sur le culte des saints inconnus ; par dom Jean Mabillon. In-12.

342 **DISSERTATIONS** sur la spiritualité de l'âme et sur la liberté de l'homme, par le cardinal de La Luzerne. In-12.

343 **DISSERTATIONS** sur la vérité de la religion, par le cardinal de La Luzerne. In-12.

344 **DISSERTATIONS** sur les Églises catholiques et protestantes, par le cardinal de La Luzerne. 2 vol. in-12.

345 **DISSERTATIONS** sur les prophéties, par le cardinal de La Luzerne, In-12.

346 **DISSERTATIONS** théologiques et dogmatiques : 1° sur les exorcismes et autres cérémonies du baptême ; 2° sur l'eucharistie ; 3° sur l'usure. In-12.

347 **DIVINITÉ** du catholicisme démontrée à un docteur d'Oxford, par M. l'abbé Robert. In-8.

348 **DOCTEUR** (le) du village, ou les Infortunes d'un philosophe, par M. d'Exauvillez. In-12 et in-18.

349 **DOCTRINE** chrétienne de Lhomond. In-12.

350 **DOCUMENTS** historiques, critiques, apologétiques concernant la compagnie de Jésus. Destruction des jésuites en France, anecdote politique et intéressante trouvée dans les papiers d'un homme bien instruit des hommes du temps, publiés en 1766. 3 vol. in-8.

351 **DOM LEO**, ou le Pouvoir de l'amitié, par l'auteur de *Lorenzo*. In-12 et in-18 (*L. L.*)

352 **DONNEUR** (le), d'eau bénite de St-Eustache, ou la Charité d'un pauvre récompensée ; par Stéphen de la Madelaine. In-12.

353 **DON QUICHOTTE** (le) philosophe, ou Histoire de l'avocat Hablard. 4 vol. in-12.

354 **DOTS** (les), par Eugène Nyon. In-12.

355 **DOUCEUR** (de la) chrétienne. In-18. (*L. L.*)

356 **DRAMES**, par Mme de Sainte-Marie. In-18. (*G. F.*)

357 **DRAMES** et proverbes. In-18. (*L. L.*)

358 **DRAMES** moraux. In-12.

359 **DROITS** de la religion sur le cœur de l'homme. 2 vol. in-12.

360 **DUC DE REICHSTADT** (le), par M. de Montbel. In-8.

361 **DUCS DE BOURGOGNE** (les), histoire des XIVe et XVe siècles, par F. Valentin. In-8. (*M. T.*)

## E.

362 **ÉCHO** (l') du sanctuaire, par Adrien Beuque. In-18.

363 **ÉCOLE** (l') des jeunes demoiselles, par l'abbé Reyre. 2 vol. in-12.

364 **ÉCOLE** (l') des mœurs, ou Réflexions morales et historiques sur les maximes de la sagesse, par Blanchard. 2 vol. in-12. (*M. T.*)

365 **ÉCONOMIE** politique chrétienne, par le comte Alban de Villeneuve Bargemont, 3 vol. in-8.

366 **ÉCONOMIE** politique des Romains, par Dureau de La Malle. 2 vol. in-8.

367 **EDMOUR** et Arthur, par l'auteur de *Lorenzo*. In-12 et in-18. (*L. L.*)

368 **EDMUND**, récit du XVe siècle, imité de l'allemand, par l'auteur du *Naufrage*. In-18. (*L. L.*)

369 **ÉDOUARD**, ou le Respect humain vaincu, par M. d'Exauvillez. In-18. (*G. F.*)

370 **ÉDUCATION** (de l') des filles, par Fénelon. In-18.

371 **EDWARD** Blackford, ou la Malédiction d'une folle, épisode de l'histoire d'Angleterre du XVIIe siècle. In-18. (*G. F.*)

372 **EFFICACITÉ** de la prière, ou conversion d'un condamné. In-18. (*L. L.*)

373 **ÉGLISE** (l') de Bretagne, par M. l'abbé Tresvaux du Fraval, vicaire général de Paris. In-8.

374 **ÉGLISE** (de l') catholique, bonheur de la connaître et de lui appartenir. In-18. (*L. L.*)

375 **ÉGLISE** (de l') gallicane, par le comte de Maistre. In-8.

376 **ÉGLISE** (de l') et de l'État, répliques à M. Dupin. In-18.

377 **ÉLÉMENTS** de physique, par M. l'abbé Henry Gras. In-8.

378 **ÉLÉVATIONS** à Dieu sur les mystères de la religion chrétienne, par Bossuet. In-8 et in-12.

379 **ÉLISA**, ou le Modèle de la piété filiale, par Mme Foucault. In-12.

380 **ÉLISA** et Marcie, ou Vie de deux enfants des catéchismes de St-Sulpice. In-18.

381 **ÉLISABETH**, ou la charité du pauvre récompensée, par M. d'Exauvillez. In-18. (*M. T.*)

382 **ÉLISABETH** et Emilie, ou Prétention et simplicité. In-18. (*L. L.*)

383 **ÉLISE**. In-18. (*L. L.*)

384 **ÉLISE**, suivie de Florine, ou Vie de deux jeunes personnes, par M. l'abbé ***. In-18.

385 **ÉLOGE** de Mme Elisabeth de France, par Ferrand. In-8.

386 **ÉLOGE** historique de la servante de Dieu Marie Clotilde de France, reine de Sardaigne. In-12.

387 **ÉLOI** l'organiste, par Mme Dié de St-Joseph. In-18. (*G. F.*)

388 **ELZINE** et Deliska, ou la Danse, nouvelle dédiée aux jeunes personnes chrétiennes. In-18.

389 **ÉMIGRANTS** (les) au Brésil. In-18. (*M. T.*)

390 **ÉMILIE**, ou la Petite élève de Fénelon, ouvrage dans lequel on a mis en action les plus importants préceptes du traité de l'*Education des filles*. In-12.

391 **EMMA**, ou le Modèle de la piété, par M. l'abbé Guérinet. In-18. (*M. T.*)

392 **EMMA**, ou le Robinson des demoiselles, par Mme Woillez. In-12.

393 **EMPIRE** (l') de la vertu, ou l'Influence de la morale évangélique, par Mme Joséphine de la Bretonnière. In-12.

394 **EMPIRE** (l') du bon exemple. In-18. (*G. F.*)

395 **ENCELADES** (les) modernes, poème, par Berchoux. In-18.

396 **ENCORE** deux années, en 1832 et 1833, par L. de Jailly. In-8.

397 **ENFANT** (l') de la providence, par Abel Maurice. In-12.

398 **ENFANTS** (les), contes à l'usage de la jeunesse, par Mme Guizot. 2 v. in-12.

399 **ENFANTS** de la vallée d'Andlau, ou notions familières sur la religion, la morale et les merveilles de la nature, par MM. E. Woiart et M. Tastu. 2 vol. in-12.

400 **ENTRETIENS** d'Angélique pour exciter les jeunes personnes à l'amour et à la pratique de la vertu. In-12.

401 **ENTRETIENS** de Clotilde, suite aux *Entretiens d'Angélique*. In-12.

402 **ENTRETIENS** d'un berger et d'un missionnaire sur les vérités de la foi. In-18. (*L. L.*)

403 **ENTRETIENS** philosophiques sur la réunion des différentes communions chrétiennes, par le baron de Starck. In-8.

404 **ENTRETIENS** sur la chimie et ses applications les plus curieuses,

suivis de notions de manipulation et d'analyses chimiques, par Ducoin-Girardin. In-8. (*M. T.*)

405 **ENTRETIENS** sur la dévotion, par Mme Leprince de Beaumont. In-12.

406 **ENTRETIENS** sur la physique, par M. Ducoin-Girardin. In-8. (*M. T.*)

407 **ENTRETIENS** sur la vie chrétienne, divisés en 3 parties par M***. in-12.

408 **ENTRETIENS** sur les sciences, dans lesquels on apprend comme on doit les étudier pour se faire l'esprit juste et le cœur droit, par le P. Lamy. In-12.

409 **ÉPREUVES** (les) de la piété filiale, suite d'*Edmour et Arthur*. In-12 et in-18. (*L. L.*)

410 **ERMITE** (l') de Belleville, ou Choix d'opuscules politiques et littéraires de Ch. Colnet. 2 vol. in-8.

411 **ERMITE** (l') de Chimboraço, ou les Jeunes voyageurs colombiens; voyages dans les deux Amériques, par Ch. de Mirval. In-12.

412 **ERMITE ROI** (l'), légende de la fin du VIe siècle, par l'abbé R***. In-18. (*L. L.*)

413 **ERNEST** et Fortunat, ou les Jeunes Voyageurs en Italie, par Ch. de Mirval. In-12.

414 **ERNEST** et Louis, ou Douceur et Colère. In-18. (*G. F.*)

415 **ERNESTINE**, ou les Charmes de la Vertu. In-18. (*M. T.*)

416 **ERREURS** (les) de Voltaire, examen critique de l'Essai sur l'Esprit et les mœurs des nations, par l'abbé Nonnotte. 3 vol. in-12.

417 **ESPÉRANCE** (l'). In-18. (*L.L.*)

418 **ESPÉRANCES** trompées, par Mme de Sainte-Marie. In-18. (*G. F.*)

419 **ESPRIT** consolateur, ou Réflexions sur quelques paroles de l'Esprit saint, par l'abbé d'Hérouville. In-12.

420 **ESPRIT** (l') de l'histoire, ou Lettres politiques et morales d'un père à son fils sur la manière d'étudier l'histoire en général et particulièrement l'histoire de France, par Antoine Ferrand. 4 vol. in-8. (*R.*)

421 **ESPRIT** (l') de saint Vincent de Paul, ou Modèle de conduite proposé à tous les ecclésiastiques, religieux et fidèles, par André-Joseph Ansart. 2 vol. in-12.

422 **ESPRIT** de Sainte Thérèse, recueilli de ses œuvres et de ses lettres, par Emery. 2 vol. in-12.

423 **ESPRIT** (l') des Journalistes de Trévoux, ou Morceaux de littérature répandus dans les mémoires pour l'histoire des sciences et des beaux arts, depuis leur origine en 1701 jusqu'en 1762. 4 vol. in-12.

424 **ESPRIT** (l') du Bienheureux François de Sales, représenté en plusieurs de ses actions et paroles remarquables, recueillies de quelques sermons, exhortations, conférences, conversations, livres et lettres de M. Jean-Pierre Camus, évêque de Belley; nouvelle édition, par M. Dépery. 3 vol. in-8.

425 *Le même*, par M. P. C., docteur de Sorbonne. 2 vol. in-12.

426 **ESPRIT** du Christianisme ou la Conformité du chrétien avec J.-C., par le père François Nepveu. In-12.

427 **ESPRIT** du livre de l'Imitation de J.-C. In-12.

428 **ESQUISSE** de Rome chrétienne, par M. l'abbé Ph. Gerbet. In-8.

429 **ESQUISSES** des harmonies de la Création, ou les Sciences naturelles

étudiées du point de vue philosophique et religieux et dans leur application à l'industrie et aux arts, par L. F. Jéhan. In-12.

430 **ESQUISSES** dramatiques du gouvernement révolutionnaire de France aux années 1793-94-95, par M. P. C. Ducancel. In-8.

431 **ESSAI** historique sur l'abbaye de Cluny, par P. Lorain. In-8

432 **ESSAI** historique sur l'influence de la religion en France pendant le XVIIe siècle, ou tableau des établissements religieux formés à cette époque. 2 vol. in-8.

433 **ESSAI** polémique sur la religion naturelle, par l'abbé Duvoisin. In-12.

434 **ESSAI** sur l'éloquence de la chaire, par le cardinal Maury. 3 vol. in-12.

435 **ESSAI** sur la nature de l'âme, sur l'origine des idées et le fondement de la certitude, par M. l'abbé Receveur. In-8.

436 **ESSAI** sur la violation des lois de l'abstinence et du jeûne, par J. Marguet. In-18.

437 **ESSAI** sur le beau ; nouvelle édition, revue et corrigée avec soin, augmentée de six discours, sur le modus, sur le décorum, sur les grâces, sur l'amour du beau, sur l'amour désintéressé, par le P. André, et précédé d'une notice sur l'auteur. In-12.

438 **ESSAI** sur l'histoire de l'esprit humain dans l'antiquité, par Rio. 2 vol. in-8.

439 **ESSAI** sur l'homme, ou accords de la philosophie et de la religion, par Edouard Alletz. 2 vol. in-8.

440 **ESSAI** sur l'indifférence en matière de religion, par F. de Lammenais (*le 1er vol. seulement*). In-8.

441 **ESSAI** sur le panthéisme dans les sociétés modernes, par H. Maret, chanoine honoraire de Paris. In-8.

442 **ESSAI** sur le principe générateur des constitutions politiques, par le comte de Maistre. In-8.

443 **ESSAIS** de morale et de politique, précédé de la vie politique de Mathieu Molé. In-8.

444 **ESSAIS** dramatiques et moraux. In-18. (*L. L.*)

445 **ÉTABLISSEMENT** (de l') des Français dans la régence d'Alger et des moyens d'en assurer la prospérité, par Genty de Bussy. 2 vol. in-8.

446 **ÉTAT** (l') théologien, par le comte Beugnot pair de France. In-18.

447 **ÉTATS-UNIS** pittoresques, par Roux de Rochelle. In-8.

448 **ÉTÉ** (l'), ou Considérations sur les œuvres de Dieu, par Mlle Brun. In-18. (*G. F.*)

449 [c.] **ÉTUDE** de la nature, pour servir à l'éducation de l'esprit et du cœur, comprenant les faits les plus importants de la physique et de la chimie générale, de l'astronomie, de la météorologie, de la géologie, de la botanique et de la zoologie, par L. Hollard. 4 vol. in-12.

450 **ÉTUDES** critiques des historiens de la révolution française, par Cyprien Desmarais. In-8.

451 **ÉTUDES** élémentaires de philosophie, par M. de Cardaillac. 2 vol. in-8.

452 **ÉTUDES** et plaisirs, petites histoires, par Mlle Dubois de Thainville. In-12.

453 **ÉTUDES** historiques et religieuses sur le IVe siècle, ou Tableau de l'église d'Apt sous la cour papale d'Avignon, par M. l'abbé Rose. In-8.

454 **ÉTUDES** littéraires sur les poëtes bibliques, par M. l'abbé Plantier. In-8.

455 **ÉTUDES** morales et religieuses, souvenirs et méditations. In-8.

456 **ÉTUDES** philosophiques sur le christianisme, par Auguste Nicolas. 4 vol. in-8.

457 **ÉTUDES** sur Napoléon, par le lieutenant-colonel de Baudus. 2 vol. in-8.

458 **ÉTUDES** sur saint François de Sales, sa vie, son esprit, son cœur, ses œuvres, ses écrits et sa doctrine, par l'abbé T. B. 2 vol. in-8.

459 **EUDOXE**, ou l'Homme du XIX$^{e}$ siècle ramené à la foi de ses pères, par A. de Rieux. In-8.

460 **EUGÉNIE**, vie et lettres d'une orpheline, morte à l'âge de 23 ans. 2 vol. in-18.

461 **EUGÉNIE**, ou l'Empire de la vertu. In-8.

462 **EUSTACHE**, histoire imitée de l'allemand, par l'abbé H..... In-12.

463 **ÉVANGILE** (l'), code du bonheur, ou Recueil de préceptes et de conseils seuls propres à rendre l'homme heureux sur la terre en le conduisant au ciel. In-12.

464 **ÉVANGILE** médité et distribué pour tous les jours de l'année, suivant la concorde des quatre évangélistes, par l'abbé Duquesne. 8 vol. in-12.

465 **EXAMEN** du fatalisme, ou Exposition et réfutation des différents systèmes du fatalisme, par l'abbé Pluquet. 3 vol. in-12.

466 **EXCELLENCE** (l') de la religion, par le cardinal de La Luzerne. In-12.

467 **EXEMPLES** de confiance en Dieu au milieu des plus grands périls. In-18. (*L. L.*)

468 **EXEMPLES** de vertu mis à la portée de la jeunesse. In-18. (*L. L.*)

469 **EXEMPLES** moraux, ou Suite de l'éducation, par l'abbé Th. Mitraud. In-12.

470 **EXISTENCE** (l') de Dieu démontrée par les merveilles de la nature et les preuves purement intellectuelles, par Fénelon. In-12.

471 **EXPLICATION** abrégée des coutumes et cérémonies observées chez les Romains, trad. du latin de Nieuport, A. M. D. G. In-12.

472 **EXPLICATION** de l'épître de saint Paul aux Romains, par l'abbé Duguet. In-12.

473 **EXPLICATION** de l'ouvrage des six jours, par Duguet. In-12.

474 **EXPLICATION** des épîtres de saint Paul par une analyse qui découvre l'ordre et la liaison du texte; par une paraphrase qui expose, en peu de mots, la pensée de l'apôtre; par un commentaire avec des notes pour le dogme, pour la morale et pour les sentiments de piété, par le R. P. Bernardin de Picquigny. 2 vol. in-12.

475 **EXPLICATION** des Evangiles des dimanches de l'année, par le cardinal de La Luzerne. 4 vol. in-12.

476 **EXPLICATION** des qualités ou caractères que saint Paul donne à la charité. In-12.

477 **EXPOSITION** de la doctrine catholique, suivie de fragments sur diverses matières de controverse, par Bossuet. In-8.

478 **EXPOSITION** raisonnée des dogmes et de la morale du christianisme, par M. l'abbé Barran. 3 vol. in-8.

479 **EXTRAITS** de quelques écrits de l'auteur des Mémoires pour servir à l'histoire de la persécution française. 2 vol. in-8.

480 **EXTRAITS** historiques et moraux des auteurs sacrés copiés textuel-

lement sur la sainte Bible de Carrières avec des notes apologétiques, édition destinée aux familles chrétiennes, à la jeunesse et aux communautés, par M. H. Bernier. 6 vol. in-12.

## F.

481 **FABLES** de Fénelon. In-18.

482 **FABLES** de Florian. 2 vol. in-18.

483 **FABLES** de La Fontaine. In-18.

484 **FABLES** et contes en vers par Laurent de Jussieu. In-18.

485 **FABLES** et œuvres diverses de l'abbé Aubert. 2 vol. in-8.

486 **FAMILLE** (la) africaine, ou l'Esclave converti. In-18. (*M. T.*)

487 **FAMILLE** (la) de Luzy, ou Désintéressement et cupidité. In-12 et in-18. (*L. L.*)

488 **FAMILLE** (la) du fermier Simon, ou la Résignation dans les adversités. In-18. (*L. L.*)

489 **FAMILLE** (une) française chez les Iroquois. In-18. (*L. L.*)

490 **FAMILLE** (la) heureuse, ou Contraste entre le bonheur d'une vie paisible et chrétienne, et le trouble et les agitations du monde. In-18. (*L. L.*)

491 **FAMILLE** irlandaise, ou les Conséquences d'une première faute. In-18. (*L. L.*)

492 **FAMILLE** (la) Kendal, ou le nom sans héritiers. In-18. (*G. F.*)

493 **FAMILLE** (la) d'Ormond, ou le Monde étudié de près. In-18. (*G. F.*)

494 **FAMILLE** (la) Sismond, ou la Piété éprouvée et récompensée. In-18. (*M. T.*)

495 **FÉLIX**, ou la Vengeance du chrétien. In-18. (*M. T.*)

496 **FERDINAND**, histoire d'un jeune comte espagnol. In-18. (*G. F.*)

497 **FERNAND** et Antony, ou l'Amitié dans le malheur; nouvelle historique. In-18 et in-12. (*L. L.*)

498 **FERRÉOL**, ou les Passions vaincues par la religion. In-12. (*M. T.*)

599 **FÊTE** (la), de saint Nicolas. In-18. (*M. T.*)

500 **FEUILLES** (les) de palmier, contes orientaux à l'usage de la jeunesse. In-12.

501 **FIANCÉS** (les), histoire milanaise du XVII^e^ siècle, suivie de l'Ode sur la nativité, par Manzoni, traduit de l'Italien par M.-A. D. 2 vol. in-12.

502 **FIDÉLITÉ** (la) bénie, chronique chrétienne du V^e^ siècle. In-18, (*L. L.*)

503 **FILLE** (la) du croisé, épisode du temps féodal. In-18. (*G. F.*)

504 **FILLE** (la) du mandarin, ou la Foi chrétienne aux prises avec l'idolâtrie chinoise, par M. l'abbé Charvoz. In-8.

505 **FILS** (les) de la veuve. In-18. (*G. F.*)

506 **FINS** dernières de l'homme, par le R. P. Pallu. In-12.

507 **FLAMMES** (les) de l'amour de Jésus, ou Preuves de l'ardent amour que J.-C. nous a témoigné, par M. l'abbé Pinart. In-12.

508 **FLEURS** de l'éloquence, recueil en prose des plus beaux morceaux de littérature française, depuis Joinville jusqu'à nos jours, par M. l'abbé Renaud. In-8. (*M. T.*)

509 **FLEURS** de la poésie française depuis le commencement du VI^e^ siècle jusqu'à nos jours, par M. l'abbé Rabion. In-8. (*M. T.*)

510 **FLORENCE**, ou Modèle de la piété offert aux jeunes personnes. In-18 (*L. L.*)

511 **FLORINE**, ou Vies de deux jeunes personnes. In-18.

512 **FOI** (la). In-18. (*L. L.*)

513 **FOI** (la) justifiée de tout reproche de contradiction avec la raison, par le P. Delamarre. In-12.

514 [c.] **FONDATION** de la régence d'Alger, histoire de Barberousse, expédition de Charles-Quint, par MM. Sander Rang et Ferdinand Denis. 2 vol. in-8.

515 **FONDEMENTS** (les) de la foi, mis à la portée de toutes sortes de personnes, par Aymé. 2 vol. in-12.

516 **FONDEMENTS** de la vie spirituelle, par le P. Surin. In-12.

517 **FRAISES** (les) et le Petit ramoneur. In-18. (*L. L.*)

518 **FRÉDÉRIC**, ou la Puissance de la religion, par le comte L. de L. In-12.

519 **FRÉDÉRIC**, ou l'Ermite du mont Atlas. In-18. (*M. T.*)

520 **FRÈRE** (le) et la sœur, ou les leçons de l'adversité, par Mme Woillez. In-12. (*M. T.*)

521 **FRUITS** (les) de la solitude, par le marquis de Chambray. In-8.

## G.

522 **GATIENNE**, ou Courage d'une jeune fille; épisode de la révolution, par l'abbé Pinard. In-12. (*M. T.*)

523 **GENEVIÈVE** de Brabant. In-18. (*L.L.*)

524 **GENEVIÈVE**, ou la Pauvre Femme charitable. In-18. (*L. L.*)

525 **GÉNIE** (le) du christianisme (*sans les épisodes*), par M. de Châteaubriand. 3 vol. in-8 et in-18.

526 **GEORGES** et Prosper, ou Travail et paresse, par M. Sabatier de Castres. In-18. (*G.F.*)

527 **GEORGINE** ou l'Amour fraternel. In-18. (*L. L*).

528 **GÉRALDINE**, ou Histoire d'une conscience; trad. de l'anglais, par Mme la marquise de M... 2 vol. in-12.

529 **GERSON**, ou le Manuscrit aux enluminures, par Ernest Fouinet. In-12. (*M. T.*)

530 **GILBERT** ou le Poëte malheureux. In-12. (*M. T.*)

531 **GLOIRE** et Malheur, ou les suites de l'Ambition, par l'auteur des *Deux Marins*. In-18. (*L. L.*)

532 **GOUVERNEMENT** (du) représentatif et de la Monarchie tempérée, par M. Tharin. In-8.

533 **GRANDE-CHARTREUSE** (la), le Mont-Blanc et l'hospice du Grand-Saint-Bernard, par L. Audiffret. In-12.

534 **GRANDEUR** (la) de Dieu dans les merveilles de la nature, par Dulard. In-18.

535 **GRANDEURS** (les) du catholicisme, par Auguste Siguier. 2 vol. in-8.

536 **GRANDS HOMMES** (les) de France, par Théodore Muret. 2 vol. in-8.

537 **GUIDE** (la) des pécheurs, par le P. de Grenade. 2 vol. in-12.

538 **GUIDE** (le) du catéchumène vaudois, ou Cours d'instruction destiné à lui faire connaître la vérité de la religion catholique, par Mgr A. Charvaz. 2 vol. in-12.

539 **GUIDE** (le) du néophyte, ou la Religion du cœur, par le comte de la Rivallière-Frauendorf. In-12.

540 **GUILLAUME** et Lucie, par Mme Dié de Saint-Joseph. In-18. (*G. F.*)

541 **GUSTAVE** ou le Jeune Voyageur en Espagne, par M. de Marlès. In-12.

542 **GUSTAVE** et Eugène, ou Orgueil et Humilité, par Mme Césarie Farrenc. In-18. (*M. T.*)

543 **GUSTAVE** et Lucien, ou l'Empire sur soi-même, par Mme de Sainte-Marie. In-18. (*G.F.*)

544 **GYMNASE** (le) moral des jeunes personnes, par J.-B.-J. Champagnac. In-12.

## H.

545 [c]. **HARMONIES** (extrait des) poétiques et religieuses, par M. de Lamartine. In-18.

546 **HARPE** (la) d'Israël, ou Chants de la Bible, trad. en vers par nos meilleurs poëtes. 2 vol. in-8.

547 **HÉGEL** et la Philosophie allemande, ou Exposé et examen critique des principaux systèmes de la philosophie allemande, par A. Ott. In-8.

548 **HÉLÈNE**, ou l'Empire sur soi-même, par Mlle Elisabeth Rankin; trad. de l'anglais par Mlle Alexandrine Desbrosses. In-12.

549 **HÉLÈNE**, ou l'Héroïsme de la vertu. In-12.

550 **HÉLÈNE**, ou la Jeune Institutrice. In-18. (*G. F.*)

551 **HELVIENNES** (les), ou Lettres provinciales, par Barruel. 4 vol. in-12.

552 **HENRI** de Tournay, ou Entretiens sur la morale. In-18.

553 **HENRI** et Marie, ou les Deux Orphelins, imité de l'allemand, par Louis Friedel. In-18. (*M. T.*)

554 **HENRI** Vanderhove. In-18. (*L. L.*)

555 **HENRIADE** (la) de Voltaire, *édition revue* par Besnier. In-12.

556 **HENRY** Percy, comte de Northumberland, par Mme de Craon. 2 vol. in-8.

557 **HÉRODOTE** historien du peuple hébreu sans le savoir, ou Lettre en réponse à la critique manuscrite d'un jeune philosophe sur l'ouvrage intitulé *Histoire véritable des temps fabuleux*, par l'abbé Guérin du Rocher. In-8.

558 **HÉROINE** (l') de la charité, ou Vie de Jeanne Biscot, par un prêtre du diocèse de Paris. In-18. (*L. L.*)

559 **HÉROINES** (les jeunes), ou Vies édifiantes et traits d'histoire dédiés aux jeunes personnes. In-18.

560 **HÉROINES** (les nouvelles) chrétiennes, ou Vies édifiantes de dix-sept jeunes personnes, par l'abbé Carron. 2 vol. in-18 (*L. L.*)

561 **HÉROS** (les) chrétiens, ou Lettres du P. Parennin sur une famille de princes tartares convertis à la foi. In-12.

562 **HÉROS** (les) chrétiens, ou les Martyrs du sacerdoce, par l'abbé Dubois. 2 vol. in-12.

563 **HÉROS** (les) de la Vendée, ou Biographie des principaux chefs vendéens, par M. de Préo. In-8. (*M. T.*)

564 **HEURES** (mes) de loisirs anecdotes morales racontées à la jeunesse, par J.-B. Maigrot. In-12.

565 **HEURES** (les) d'un homme sage, par l'abbé O. Maurette. In-8.

566 **HEURES** poétiques de l'ouvrier, par Claudius Hébrard. In-18.

567 **HEURES** sérieuses d'un jeune homme, par Ch. Sainte-Foi. In-32.

568 **HEURES** sérieuses d'une jeune femme, par Ch. Sainte-Foi. In-18.

569 **HEUREUSE** (l') rencontre, ou Entretiens d'Eugénie et de Delphine. in-18.

570 **HEUREUX** (les) fruits de la vertu. In-18. (*L. L.*)

571 **HEUREUX** matin de la vie, par l'abbé Carron. In-18.

572 **HISTOIRE** ancienne des Egyptiens, des Carthaginois, etc., par Rollin. 13 vol. in-12.

573 [c.] **HISTOIRE** ancienne, par le comte de Ségur. 4 vol. in-8.

574 **HISTOIRE** civile et religieuse des lettres latines aux IV$^{e}$ et V$^{e}$ siècles, par J. Collombet. 2 vol. in-8.

575 **HISTOIRE** critique et philosophique du suicide, par le P. Appiano Buonafède. In-8. (R.)

576 **HISTOIRE** critique et religieuse de N.-D. de Lorette, par A.-B. Caillau. In-12.

577 **HISTOIRE** critique et religieuse de N.-D. de Roc-Amadour, suivie d'une neuvaine d'instructions et de prières, par A.-B. Caillau. In-8.

578 **HISTOIRE** d'Abulcher Bisciarah, par A. de Bouclon. In-12.

579 **HISTOIRE** d'Alger, de son territoire, de ses habitants, de ses pirateries, de son commerce, etc., par Stéphen d'Estry. In-8. (*M. T.*)

580 **HISTOIRE** d'Allemagne, depuis les temps les plus reculés jusqu'en 1838, par Kohlrausch, trad. par Guinefolle. 2 vol. in-8.

581 **HISTOIRE** d'Angleterre du docteur John Lingard, continuée jusqu'à nos jours par de M. Marlès. 21 vol. in-8.

582 **HISTOIRE** d'Angleterre, abrégée d'après la grande histoire du docteur John Lingard, par MM. le chevalier de Roujoux et J.-L. Vincent. 6 vol. in-12.

583 **HISTOIRE** de Bertrand Duguesclin, par Guyard de Berville. 2 vol. in-12.

584 **HISTOIRE** de Bossuet, par le cardinal de Beausset. 4 vol. in-12.

585 *La même* abrégée. 1 vol. in-12. (*L. L.*)

586 *id.* 1 vol. in-12. (*M. T.*)

587 **HISTOIRE** de Charlemagne et de son siècle, par J.-J. Roi. in-12. (*M. T.*)

588 **HISTOIRE** de Charles V, par M. l'abbé Barthélemy. in-12.

589 **HISTOIRE** de Charles XII, roi de Suède, *édition A. M. D. G.* In-12.

590 **HISTOIRE** de Charles-Quint, d'après Robertson. In-12. (*M. T.*)

591 **HISTOIRE** de Christine, reine de Suède, avec un précis historique de la Suède, par J.-P. Catteau-Calleville. 2 vol. en 1 vol. in-8.

592 **HISTOIRE** de Colbert, par Alfred de Serviez. In-12.

593 [c.] **HISTOIRE** de Dante Alighieri, par le chevalier Artaud de Montor. In-8.

594 **HISTOIRE** de Don Quichotte de la Manche, par Michel Servantes, *édition revue et corrigée* par M. l'abbé Lejeune. In-12.

595 **HISTOIRE** de Duguay-Trouin; par G. de Lalandelle. In-12.

596 [c] **HISTOIRE** d'Ecosse, depuis la naissance de Marie Stuart jusqu'à

l'avénement de Jacques VI au trône d'Angleterre, par W. Robertson, traduit de l'Anglais par Campenon. 3 vol. in-8.

597 **HISTOIRE** d'Ecosse, racontée par un grand-père à son petit-fils, par Walter Scott. 11 vol. in-12.

598 **HISTOIRE** d'Espagne et de Portugal, ainsi que de leurs colonies respectives, depuis les temps les plus reculés jusqu'à nos jours, par Em. Lefranc. 2 vol. in-12.

599 **HISTOIRE** de France, composée par Mgr. le Dauphin, d'après les leçons de Bossuet, et revue par lui. 3 vol. in-8.

600 **HISTOIRE** de France, depuis les origines gauloises jusqu'à nos jours, par Amédée Gabourd. 3 vol. in-12.

601 **HISTOIRE** de France, par le P. Daniel. 24 vol. in-12.

602 **HISTOIRE** de France sous le ministère du cardinal Mazarin, par A. Bazin. 2 vol. in-8.

603 **HISTOIRE** de France sous Louis XIII, par A. Bazin. 4 vol. in-8.

604 **HISTOIRE** de France, par Mennechet. 4 vol. in-12.

605 **HISTOIRE** de Fénelon, par le cardinal de Beausset. 4 vol. in-12.

606 *La même, abrégée.* In-12. (*M. T.*)

607 *La même, abrégée.* In-12. (*L. L.*)

608 **HISTOIRE** de Gilblas de Santillane, par Lesage. Nouvelle édition *revue et corrigée* par M. l'abbé Lejeune. In-12.

609 **HISTOIRE** de Godefroy de Bouillon, par M. d'Exauvillez. In-12.

610 *La même,* par H. Prévault. In-12 ou in-18. (*L. L.*)

611 **HISTOIRE** de Henri-le-Grand, par Hardouin de Péréfixe. In-12.

612 [c] **HISTOIRE** de Jeanne d'Arc, par Le Brun des Charmettes. 4 vol. in-8.

613 *La même,* par J.-J.-E. Roy. In-12. (*M. T.*)

614 **HISTOIRE** de Jérôme, ou le Malin dupe de ses malices. In-18. (*L. L.*)

615 **HISTOIRE** de Joseph. In-18. (*L. L.*)

616 **HISTOIRE** de Léon X, par M. Audin. 2 vol. in-8.

617 **HISTOIRE** de Loango Kakongo et autres royaumes d'Afrique, rédigée d'après les mémoires des préfets apostoliques de la mission française, par l'abbé Proyart. In-8.

618 **HISTOIRE** de Louis XI, par J.-J. Roy. In-12. (*M. T.*)

619 **HISTOIRE** de Louis XII, roi de France, par J.-G. Masselin. In-12.

620 **HISTOIRE** de Louis XIV, par Amédée Gabourd. In-8.

621 **HISTOIRE** de Marie-Antoinette, suivie d'un précis de la vie de M^me^ Elisabeth. In-12. (*L. L.*)

622 **HISTOIRE** de Marie Stuart, par M. de Marlés. In-12. (*M. T.*).

623 **HISTOIRE** de Napoléon Bonaparte, par Amédée Gabourd. In-8.

624 **HISTOIRE** de Napoléon Bonaparte, offrant un tableau complet de ses opérations militaires, politiques et civiles, de son élévation et de sa chute, par P.-F. H. 4 vol. in-8.

625 **HISTOIRE** de Napoléon et de la Grande-Armée, pendant l'année 1815, par le comte de Ségur. 2 vol. in-8.

626 **HISTOIRE** de N.-S. J.-C., du dogme et de la morale du christianisme selon la Vulgate, les versions arabe, persane, syriaque, etc., par l'abbé H. Bergé. 2 vol. in-12.

627 **HISTOIRE** de N.-S. J.-C., par le comte de Stolberg. 2 vol. in-8.

628 **HISTOIRE** de Paris, par Théodore Muret. In-12.
629 **HISTOIRE** de Photius, auteur du schisme des Grecs, d'après les monuments originaux, la plupart inconnus, par M. l'abbé Jager. In-8.
630 **HISTOIRE** de Pierre d'Aubusson, grand-maître de Rhodes. In-12. (*L. L.*)
631 **HISTOIRE** de plusieurs révoltes et usurpations, par M. Oct. B***. In-18.
632 **HISTOIRE** de Pologne, depuis son origine jusqu'à nos jours, par M. L. S***. 2 vol. en 1 in-12.
633 **HISTOIRE** de René d'Anjou, roi de Naples, par le comte de Villeneuve-Bargemont. 3 vol. in-8.
634 **HISTOIRE** de Russie par Karamsin, traduite par MM. St-Thomas et Jauffret. 11 vol. in-8.
635 **HISTOIRE** de saint Bernard, par M. l'abbé Théod. Ratisbonne. 2 vol. in-12.
636 **HISTOIRE** de saint Charles Borromée, par S. de Chennevières. In-12.
637 **HISTOIRE** de saint Domingue, par Charlevoix. 2 vol. in-12.
638 **HISTOIRE** de saint François d'Assises, par Emile Chavin. In-8.
639 *La même, abrégée.* In-18.
640 *La même,* par l'auteur du *Voyage à Hippone.* In-12. (*L. L.*)
641 **HISTOIRE** de saint Germain, par M. l'abbé Duplessy. In-18.
642 **HISTOIRE** de saint Ignace de Loyola et de la compagnie de Jésus, par le R. P. Daniel Bartoli, 2 vol. in-8.
643 **HISTOIRE** de saint Irénée, par M. l'abbé J.-M. Prat. In-8.
644 **HISTOIRE** de saint Louis, roi de France; par le marquis de Villeneuve-Trans. 3 vol. in-8.
645 *La même,* par de Bury. In-12.
646 *La même.* In-18. (*L. L.*)
647 **HISTOIRE** de saint Nicolas, par M. l'abbé de Bervanger, directeur de l'établissement de Saint-Nicolas. In-18.
648 **HISTOIRE** de saint Paul, par M. d'Exauvillez. In-18.
649 **HISTOIRE** de saint Pie V, pape, par M. le vicomte de Falloux. 2 vol. in-8.
650 **HISTOIRE** de saint Pierre, par M. d'Exauvillez. In-18.
651 **HISTOIRE** de sainte Clotilde, reine de France, par Renaud de Rouvray. In-18.
652 **HISTOIRE** de sainte Elisabeth de Portugal, par Renaud de Rouvray. In-18.
653 **HISTOIRE** de sainte Geneviève, par Girard. In-18.
654 **HISTOIRE** de sainte Marie, mère de Dieu, par l'abbé Degouy. In-18.
655 **HISTOIRE** de sainte Monique, par l'auteur du *Voyage à Hippone.* In-12. (*L. L.*)
656 **HISTOIRE** de sainte Radegonde, reine de France au VIe siècle, par M. Ed. de Fleury. In-8.
657 **HISTOIRE** de Sardaigne, ou la Sardaigne ancienne et moderne considérée dans ses lois, sa topographie, ses productions et ses mœurs, par Mimaut, ancien consul de France en Sardaigne. 2 vol. in-8.
658 **HISTOIRE** de Stanislas, roi de Pologne, par l'abbé Proyart. 2 vol. in-12.

659 **HISTOIRE** de Théodose, par Fléchier. In-12.

660 **HISTOIRE** d'une pieuse héritière, par M^e Foucault. In-12.

661 **HISTOIRE** d'une sœur de charité, par M^e Foucault. In-12.

662 **HISTOIRE** de Vauban. In-12. (*L. L.*)

663 **HISTOIRE** de Venise, par Valentin. In-12. (*M. T.*)

664 **HISTOIRE** de l'Académie française, par Pelisson-Fontanier. 2 vol. in-12.

665 **HISTOIRE** de l'Algérie et des autres Etats barbaresques, par le baron de Vinchon. In-8.

666 **HISTOIRE** de l'armée de Condé, par Théodore Muret. 2 vol. in-8.

667 **HISTOIRE** de la chevalerie, par J.-J. Roy. In-12. (*M. T.*)

668 **HISTOIRE** de la conjuration de Mallet, par l'abbé Lafon. In-8.

669 **HISTOIRE** de la conjuration de Robespierre, par Montjoie. In-8.

670 **HISTOIRE** de la conquête du Mexique, abrégé de l'histoire espagnole d'Antonio del Solis, par Octave B. 2 vol. in-18. (*G. F.*)

671 **HISTOIRE** de la découverte de l'Amérique, traduite de l'allemand de Campe, par E. C. Piton. 2 vol. in-12.

672 **HISTOIRE** de la découverte et de la conquête des Portugais dans le Nouveau Monde, par le P. Lafiteau. 4 vol. in-12.

673 **HISTOIRE** de la découverte et de la conquête du Pérou. 2 vol. in-12.

674 **HISTOIRE** de l'économie politique, ou études historiques, philosophiques et religieuses sur l'économie politique des peuples anciens et modernes, par le vicomte Alban de Villeneuve-Bargemont. 2 vol. in-8.

675 **HISTOIRE** de l'Eglise, par Bérault de Bercastel, 24 vol. in-12.

676 **HISTOIRE** de l'Église (abrégée), par Lhomond, in-12.

677 **HISTOIRE** de l'Eglise gallicane, par les PP. Longueval, Fontenay, Brumoy et Berthier. 24 vol. in-12.

678 **HISTOIRE** de l'Eglise depuis son établissement jusqu'au pontificat de Grégoire XVI, par M. l'abbé Receveur. 6 vol. in-12.

679 **HISTOIRE** de l'Eglise de Nîmes, par A. Germain. 2 vol. in-8.

680 **HISTOIRE** de l'expédition de Russie, par le marquis de Chambray. 3 vol. in-8.

681 **HISTOIRE** de la Grèce ancienne. In-12. (*M. T.*)

682 **HISTOIRE** de la guerre d'Espagne et de Portugal de 1807 à 1813, par Alph. de Beauchamp. 2 vol. in-8.

683 **HISTOIRE** de la guerre de la Vendée, de 1792 à 1815, par Alphonse de Beauchamp. 4 vol. in-8.

684 **HISTOIRE** de la guerre de trente ans, par Schiller, et de la paix de Westphalie, par P.-L. de Voltman, trad. par Mailher de Chassat. 2 vol. in-8.

685 **HISTOIRE** de l'Inde ancienne et moderne, par J. de Marlès. In-12. (*M. T.*)

686 **HISTOIRE** de l'hérésie constitutionnelle qui soumet la religion au magistrat, par M. Boyer, directeur au sémin. de Saint-Sulpice. In-8.

687 **HISTOIRE** de l'instruction publique et de la liberté d'enseignement en France, par M. Henri de Riancey. 2 vol. in-8.

688 **HISTOIRE** de la Ligue, par le P. Maimbourg. 2 vol. In-8.

689 **HISTOIRE** de la Louisiane, par Barbé-Marbois. In-8.

690 **HISTOIRE** de la maison d'Autriche, depuis la fondation de la mo-

narchie jusqu'à la mort de Léopold II, par W. Coxe. 5 vol. in-8. (R.)

691 **HISTOIRE** de la maison de Bourbon au trône d'Espagne, par Targe. 6 vol. in-12.

692 **HISTOIRE** de la nouvelle hérésie du XIXe siècle, ou Réfutation des ouvrages de Lamennais. par Mgr. M.-N.-S. Guillon. 3 vol. in-8.

693 **HISTOIRE** de la papauté, par M. Henrion. 3 vol. in-12.

694 **HISTOIRE** de la petite Bretagne, appelée aussi Bretagne Armorique, par A.-M.-L. de Bussy. In-12.

695 **HISTOIRE** (abrégée) de la philosophie à l'usage des élèves des séminaires et des colléges, par Mgr. J.-B. Bouvier, évêque du Mans. 2 vol. in-8.

696 **HISTOIRE** de la révolution religieuse ou de la réforme protestante en Suisse, par de Haller. In-8.

697 **HISTOIRE** de la reine Blanche, mère de saint Louis, par Théodore Nisard. In-12.

698 **HISTOIRE** (abrégée) de la religion, par Lhomond. In-12.

699 **HISTOIRE** de la Révolution de France, par le vicomte Félix de Conny. 7 vol. in-8.

700 **HISTOIRE** de la société domestique chez tous les peuples anciens et modernes, ou Influence du christianisme sur la famille, par M. l'abbé J. Gaume. 2 vol. in-8.

701 **HISTOIRE** de la statue miraculeuse, vénérée dans la chapelle de Saint-Thomas de Villeneuve, par un prêtre du clergé de Paris. In-18.

702 **HISTOIRE** de la Suisse, par H. Zschokke, trad. de l'Allemand, par J. L. Manget. 2 vol. in-8.

703 **HISTOIRE** de la Trappe, ou Précis exact des règles, des usages, des austérités des religieux de cet ordre, par de Grand-Maison-y-Bruno. In-12.

704 **HISTOIRE** de la vie de N.-S. J.-C., par le P. de Ligny. 4 vol. in-12.

705 **HISTOIRE** de la vie et de la mort de M. de Talleyrand Périgord, prince de Bénévent, par S. D. In-8.

706 **HISTOIRE** de l'Ancien Testament, par Couturier. 4 vol. in-12.

707 **HISTOIRE** de l'Ancien et du Nouveau Testament et des Juifs, par le R.-P. Augustin Calmet. 3 vol. in-8.

708 **HISTOIRE** de l'Ancien et du Nouveau Testament, par Bernard Owerberg, traduit de l'allemand par M. l'abbé Didon. In-12.

709 **HISTOIRE** de l'empereur Andronic et de Michel son fils, par Le Beau. 2 vol. in-12.

710 **HISTOIRE** de l'enlèvement et de la captivité de Pie VI, par l'abbé Baldassari, traduite par M. l'abbé Delacouture. In-8.

711 **HISTOIRE** de l'établissement du christianisme, tirée des seuls auteurs juifs et païens, où l'on trouve une preuve solide de cette religion, par l'abbé Bullet. In-8.

712 **HISTOIRE** de l'événement de Varennes, au 21 juin 1791, par le comte de Sèze. In-8.

713 **HISTOIRE** des campagnes de 1814 et 1815, par Alph. de Beauchamp 2 vol. in-8.

714 **HISTOIRE** des chevaliers hospitaliers de Saint-Jean de Jérusalem, appelés depuis chevaliers de Malte, par l'abbé de Vertot. Nouvelle édition à l'usage de la jeunesse. 5 vol. in-12.

715 *La même*, revue et continuée jusqu'à nos jours, par A.-M.-L. de Bussy, 3 vol. in-12.

716 *La même, abrégée*. In-12. (*M. T.*)

717 **HISTOIRE** des comtes de Foix de la première race, par Hip. Gaucheraud (Gaston III, dit Phœbus). In-8.

718 **HISTOIRE** abrégée des conciles, divisée en trois parties, par Hermant. In-12.

719 [c] **HISTOIRE** des croisades, par M. Michaud. 6 vol. in-8.

720 **HISTOIRE** des croisades, par M. T. Delacroix. In-18. (*G. F.*)

721 **HISTOIRE** des désastres de St-Domingue. In-8.

722 [c] **HISTOIRE** des ducs de Bourgogne de la maison de Valois, par M. de Barante. 12 vol. in-8.

723 **HISTOIRE** des ducs d'Orléans, par M. Laurentie. 4 vol. in-8.

724 **HISTOIRE** des empereurs romains, par Crévier. 14 vol. in-8.

725 **HISTOIRE** des fêtes de l'Eglise, par ***. In-12.

726 **HISTOIRE** des Francs, par le comte de Peyronnet. 4 vol. in-8.

727 [c] **HISTOIRE** des Gaulois depuis les temps les plus reculés, jusqu'à l'entière soumission de la Gaule à la domination romaine, par Amédée Thierry. 3 vol. in-8.

728 **HISTOIRE** des guerres de Flandres, par le cardinal Bentivoglio. 4 vol. in-12.

729 **HISTOIRE** des Hébreux rapprochée des temps contemporains, par Rabelleau. 2 vol. in-8.

730 **HISTOIRE** des Juifs et des peuples voisins depuis la décadence des royaumes d'Israël et de Juda, jusqu'à la mort de J.-C., par Prideaux. 7 vol. in-12.

731 [c] **HISTOIRE** des lettres avant le christianisme, par Amédée Duquesnel. 2 vol. in-8.

732 **HISTOIRE** des naufrages, par Desperthes et Eyriès. 3 vol. in-12.

733 **HISTOIRE** des ordres religieux, par M. Henrion. 2 vol. in-12.

734 **HISTOIRE** des ordres royaux et hospitaliers de Saint-Jean de Jérusalem, par Gautier de Sibert. 2 vol. in-12.

735 **HISTOIRE** (abrégée) des papes, depuis saint Pierre jusqu'à Clément XIV, par Alletz. 2 vol. in-12.

736 **HISTOIRE** des progrès et de la chute de l'empire de Mysore, par Michaud. 2 vol. in-8.

737 **HISTOIRE** des religieuses carmélites de Compiègne, conduites à l'échafaud, le 17 juillet 1794. In-12.

738 **HISTOIRE** des révolutions d'Espagne, par le P. d'Orléans, revue par les P. P. Rouillé et Brumoy. 5 vol. in-12.

739 **HISTOIRE** des révolutions de Suède, par l'abbé de Vertot. In-12.

740 **HISTOIRE** des rois et des ducs de Bretagne, par M. de Roujoux. 4 vol. in-8.

741 **HISTOIRE** des solitaires d'Orient, tirée des auteurs ecclésiastiques. In-12 (*L. L.*)

742 **HISTOIRE** des Suisses, par Mallet. 4 vol. in-8. (*R.*)

743 **HISTOIRE** des variations des Eglises protestantes, suivie des avertissements aux protestants, par Bossuet. 4 vol. in-8.

744 **HISTOIRE** du Bas-Empire, depuis l'avénement de Constantin jusqu'à

la prise de Constantinople par Mahomet II. A. M. S. S. G. 2 vol. in-8.

745 **HISTOIRE** du bienheureux François d'Estaing, par A. Bion de Marlavagne. In-12.

746 **HISTOIRE** du cardinal Mazarin, par Aubry. 4 vol. in-12.

747 **HISTOIRE** du cardinal de Polignac, par le P. Fauchet. 2 vol. in-12.

748 [a] **HISTOIRE** du clergé de France, civilisateur, missionnaire et martyr, depuis la prédication de l'Evangile dans les Gaules jusqu'à nos jours, par P. Christian. 2 vol. in-8.

749 **HISTOIRE** du clergé de France pendant la révolution, par Hocquart. 3 vol. in-12.

750 **HISTOIRE** du concile de Trente, par le P. Sforza Pallavicini, dans laquelle on réfute une histoire du même concile, avec les notes et éclaircissements de F.-A. Zaccaria; trad. pour la première fois en français sur l'original italien réédité par la propagande en 1833, précédée du texte et du catéchisme dudit concile, etc., etc. 3 vol. in-4.

751 **HISTOIRE** du Danemarck, par Mallet. 9 vol. in-12. (*R.*)

752 **HISTOIRE** du grand Condé. In-12. (*L. L.*)

753 *La même*, par Adrien Lemercier. In-12. (*M. T.*)

754 **HISTOIRE** du Japon, par le P. Charlevoix. 2 vol. in-12.

755 **HISTOIRE** du monde, par MM. Henri et Charles de Riancey. 4 vol. in-8.

756 **HISTOIRE** du Mont Saint-Michel et de l'ancien diocèse d'Avranches, depuis les temps les plus reculés jusqu'à nos jours, par l'abbé Desroches. 2 vol. in-8.

757 **HISTOIRE** du Mont-Valérien. In-18. (*G. F.*)

758 **HISTOIRE** du moyen âge, par M. Casimir Gaillardin. 3 vol. in-8.

759 **HISTOIRE** du pape Grégoire VII (Hildebrand) et de son siècle, trad. de l'allemand de Voigt, par M. l'abbé Jager. 2 vol. in-8.

760 **HISTOIRE** du pape Innocent III et de son siècle, de Hurter, trad. par MM. l'abbé Jager et Th. Vial. 2 vol. in-8.

761 **HISTOIRE** du pape Léon XII, ouvrage faisant suite à l'histoire de Pie VII, par le chevalier Artaud de Montor. 2 vol. in-8.

762 **HISTOIRE** du pape Pie VII, par le chevalier Artaud de Montor. 2 vol. in-8.

763 *La même* abrégée. In-12 ou in-18. (*L. L.*)

764 **HISTOIRE** du pontificat de Pie VI. In-12 et in-18. (*L. L.*)

765 **HISTOIRE** du pape Pie VIII, par le chevalier Artaud de Montor. In-8.

766 **HISTOIRE** du pape Sylvestre II et de son siècle, par C.-F. Hock, trad. de l'allemand et enrichi de notes et de documents inédits, par M. l'abbé J.-M. Axinger. In-8.

767 **HISTOIRE** du Paraguay, par le P. Charlevoix. 6 vol. in-12.

768 *La même*, par Mlle A. Cellier. 2 vol. in-18. (*G. F.*)

769 **HISTOIRE** du peuple de Dieu, depuis son origine jusqu'à la naissance du Messie, par le P. Berruyer. *Edit. corrigée et annotée à Besançon*. 7 vol. in-8.

770 **HISTOIRE** du royaume des Pays-Bas, depuis 1814 jusqu'en 1830, par M. le baron E.-C. de Gerlache. 3 vol. in-8.

771 **HISTOIRE** et Phénomènes du volcan et des îles volcaniques de San-

torin, suivis d'un coup d'œil sur l'état moral et religieux de la Grèce moderne, par M. l'abbé Pégues. In-8.

772 **HISTOIRE** littéraire de la France au moyen âge, par M. Henrion. In-8.

773 **HISTOIRE** moderne, par Th. Burette. 2 vol. in-12.

774 **HISTOIRE**, morale et littérature, par M. Laurentie. In-8.

775 **HISTOIRE** naturelle des animaux les plus remarquables. In-12. (*M. T.*)

776 **HISTOIRE** naturelle des oiseaux, des reptiles et des poissons. In-12. (*M. T.*)

777 **HISTOIRE** politique, anecdotique et littéraire du *Journal des Débats*, par A. Nettement. In-8.

778 **HISTOIRE** religieuse, politique et littéraire de la compagnie de Jésus, par M. Crétineau-Joly. 5 vol. in-8.

779 **HISTOIRE** romaine, par Rollin. 20 vol. in-8.

780 [c.] **HISTOIRE** romaine, par le comte de Ségur. 4 vol. in-8.

781 **HISTOIRE** romaine, par M. Edouard Dumont. 3 vol. in-8 ou in-12.

782 **HISTOIRE** véritable des doctrines et des actes de la compagnie de Jésus, par J.-B. Leclere d'Aubigny. In-8.

783 **HISTOIRE** véritable des temps fabuleux, par Guérin du Rocher. 3 vol. in-8.

784 **HISTOIRES** choisies, ou livre d'exemples. 3 vol. in-12.

785 **HISTOIRES** édifiantes et curieuses, par l'auteur de l'*Ame élevée à Dieu*. In-12.

786 [c] **HISTOIRES** morales et édifiantes, par M^me^ Joséphine Junot d'Abrantés. 2 vol. in-12.

787 **HIVER** (l'), ou Considérations sur les œuvres de Dieu, par M^lle^ Brun. In-18. (*G. F.*)

788 **HOMÉLIES**, discours et lettres choisies de saint Basile. In-8.

789 **HOMME** (un) de douze ans. In-18. (*G. F.*)

790 **HOMME** (l') et la création, ou Théorie des causes finales dans l'univers, par M. Léon Desdouits. In-8.

791 **HOMME** (l') heureux dans toutes les situations de la vie, ou les Aventures de Misséno. 2 vol. in-12.

792 **HOMME** (l') spirituel, ou la Vie spirituelle traitée par ses principes, par le P. J.-B. Saint-Jure. In-12.

793 **HOMMES** (les) célèbres de la France, par M. d'Exauvillez. In-18.

794 **HONNÊTE** (l') marchand, ou la justice et la bonne foi mises en pratique dans le commerce. In-18. (*L. L.*)

795 **HONORINE**, ou le Triomphe de l'humilité sur l'orgueil. In-18. (*M. T.*)

796 **HONORINE**, par l'auteur d'Adhémar de Belcastel. In-18.

797 **HUBERT**, ou les Suites funestes de la paresse et de l'indocilité, par I.-E. N. In-18. (*M. T.*)

798 **HUIT** jours de pluie, petits romans nouveaux et moraux à l'usage de la jeunesse, par M^me^ Th. Midy. In-12.

# I.

799 **ILLUSTRATION** de l'Algérie, par J.-J. Roy. In-12.
800 **ILLUSTRATION** de l'Allemagne, par J.-J. Roy. In-12.
801 **ILLUSTRATION** de l'histoire d'Angleterre, par J.-J. Roy. In-12.
802 **ILLUSTRATION** de l'histoire de la Russie, par J.-J. Roy. In-12.
803 **ILLUSTRATION** de la Suisse, par J.-J. Roy. In-12.
804 **ILLUSTRATION** de l'histoire d'Espagne et de Portugal, par J.-J. Roy. In-12.
805 **ILLUSTRATION** de l'histoire de France, par J.-J. Roy. In-12.
806 **ILLUSTRATION** de l'histoire de la République, le Consulat, l'Empire, par J.-J. Roy. In-12.
807 **ILLUSTRATION** de l'histoire sainte, par M. l'abbé Rousier. In-12.
808 **ILLUSTRATION** de l'Italie, par J.-J. Roy. In-12.
809 **ILLUSTRATION** de Napoléon, par V. Doublet. In-12.
810 **IMAGINATION** (l'), poëme, par Delille. In-18.
811 **IMITATION** de J.-C., méditée, ou Suite de considérations pieuses adaptées à chaque chapitre, par M. l'abbé Herbet. 2 vol. in-12.
812 **IMITATION** (de l') de J.-C., par le P. Pallu. 2 vol. in-12.
813 **IMITATION** de saint Augustin, par l'auteur du *Voyage à Hippone*. In-18. (*L. L.*)
814 **IMPORTANCE** de la prière, traduit de l'italien de saint Alphonse de Liguori. In-18. (*L. L.*)
815 **INCAS** (les), ou la Destruction de l'empire du Pérou, par Marmontel, suivis de Bélizaire, nouvelle édition, *revue et corrigée* par M. l'abbé Lejeune. Grand in-12.
816 **IDNE**, Chine et Japon, ou Nouveau tableau anecdotique de la religion, des mœurs, usages et coutumes des peuples de ces contrées lointaines. In-12.
817 **INDUSTRIE** et travail, ou le Pouvoir de la volonté, histoire d'artistes, d'artisans et négociants devenus célèbres, par J.-B.-J. Champagnac. In-12.
818 **INFLUENCE** de la réformation de Luther sur la croyance religieuse, la politique et le progrès des lumières, par Robelot. In-8.
819 **INFLUENCE** des mœurs sur les lois et des lois sur les mœurs, par M. H***. In-8.
820 **INSPIRATIONS** religieuses, poésies chrétiennes, par A. Quibel. In-12.
821 **INSTRUCTION** et éducation, par M***. In-18. (*G. F.*)
822 **INSTRUCTION** pastorale sur le schisme en France, par le cardinal de La Luzerne. In-12.
823 **INSTRUCTIONS** courtes et familières sur les commandements de Dieu et de l'Eglise, par M. J. Lambert. In-12.
824 **INSTRUCTIONS** courtes et familières sur le symbole, par M. J. Lambert. 3 vol. in-12.
825 **INSTRUCTIONS** et conseils aux filles de services et à tous les domestiques en général, par M. l'abbé C.-J. Busson. In-12.
826 **INSTRUCTIONS** spirituelles de Louis de Blois. In-12.

827 **INSTRUCTIONS** sur la dévotion à la Sainte-Vierge, par Humbert. In-12.

828 **INSTRUCTIONS** sur les égarements de l'esprit et du cœur, par Humbert. In-12.

829 **INTÉRIEUR** (l') de Jésus et de Marie, par le P. Grou. 2 vol. in-12.

830 **INTÉRIEUR** d'une famille chrétienne, par Mme de Sainte-Marie In-18. (*G. F.*)

831 **INTRODUCTION** à la vie dévote, par saint François de Sales, *édition à l'usage de la jeunesse*. In-18.

832 **INTRODUCTION** philosophique à l'étude du christianisme, par Mgr. l'archevêque de Paris. In-18.

833 **IRLANDE** (l') sociale, religieuse et politique, par M. Gustave de Beaumont. 2 vol. in-8.

834 **ISABELLE** de Nesle, épisode tirée de l'histoire du XVe siècle. In-18. (*L. L.*)

835 **ISALA** suite d'Edmour et Arthur, par l'auteur de Lorenzo. In-18. (*L. L.*)

836 **ISIDORE**, ou le fervent Laboureur. In-18. (*L. L.*)

837 **ISMAEL**, ou la Conversion d'un juif, suivie de ses entretiens avec des incrédules, des athées, par Miel. In-12.

838 **ITALIE** (l'), par le chevalier Artaud. In-8.

839 **ITINÉRAIRE** de la terre au ciel, ou Guide du chrétien dans les différents âges et les différentes positions de la vie. In-18. (*G. F.*)

840 **ITINÉRAIRE** de Paris à Jérusalem, par M. de Châteaubriand. 3 vol. in-18.

## J.

841 **JACQUES** Delorme, ou Bonheur et religion, par M. d'Exauvillez. In-18. (*G. F.*)

842 **JAMES** ou le Pêcheur ramené à la religion par l'adversité. In-18. (*M. T.*)

843 **JARDINS** (les), poëme, par Delille. In-8 et in-18.

844 **JEAN** et Julien, ou les Petits colporteurs, par A.-E. de Saintes. In-12.

845 **JEAN-FRANÇOIS** Richard, ou conversations sur l'insouciance de ceux qui doutent à l'égard de la religion chrétienne, par l'abbé C.-L. Legrand. In-18.

846 **JEAN-JACQUES** Rousseau apologiste de la religion chrétienne, par Martin Dutheil. In-8.

847 **JEANNE D'ARC**, d'après les chroniques contemporaines, par Guido Gœrres, traduit de l'allemand par Léon Boré. In-8.

848 *La même*, ou le Récit d'un preux chevalier, par Max de Mont-Rond. In-12.

849 **JEANNE** Marguerite de Montmorency, ou la Solitaire des Pyrénées, épisode historique, par M. Sabatier de Castres. In-18. (*G. F.*)

850 **JENNY**. In-18. (*L. L.*)

851 **JENOSEPH**, ou Vertu, jeunesse et adversité, par Logeais. In-18. (*M. T.*)

852 **JÉRUSALEM**, tableau de l'histoire et des vicissitudes de cette ville célèbre, par E. T. Ch. de Ravensberg. In-18. (*L. L.*)

853 **JÉRUSALEM** délivrée, poëme du Tasse, traduit en français et épuré par M. de Grand-Maison-y-Bruno. In-18.

854 **JÉSUITES** (des), par un jésuite, par le P. Cahour. In-12.

855 **JÉSUS** enfant, poëme épique, du P. Thomas Céva, par le traducteur de *Sannazar* et de *Vida*. In-8.

856 **JEUNE** (la) Marie, ou Conversion d'une famille protestante. In-18. (*M. T.*)

857 **JEUNE** (la) Mélanie. In-18. (*L. L.*)

858 **JEUNE** (la) vierge, ou Notice sur M^lle^ Aloysa Jouve, morte à Grenoble le 21 janvier 1821. In-18. (*L. L.*)

859 **JEUNE** (le) athlète chrétien, par M. l'abbé Mounaix. In-18. (*G. F.*)

860 **JEUNE** (le) industriel, ou les Voyages instructifs de Charles d'Hennery avec sa famille, par Ch. Delattre. In-12.

861 **JEUNE** (le) officier, ou Voyage d'Henri Delamère dans l'Inde (*Bibl. Ch. de Laurentie.*) In-18.

862 **JEUNE** (le) ouvrier, ou Souvenirs de la vie de Léandre Vandrisse. In-18. (*L. L.*)

863 **JEUNES** (les) héros chrétiens. In-18. (*L. L.*)

864 **JEUNES** (les) naturalistes, ou Entretiens sur l'histoire naturelle, par M^lle^ Ulliac-Trémadeure. 2 vol. in-12.

865 **JEUNES** (les) ouvriers, ou l'Epreuve et la Récompense, par M^me^ Voillez. In-12.

866 **JE VEUX** être heureux; entretiens familiers, par M. D***. In-12.

867 **JOSEPH** et Isidore, ou le danger des mauvaises compagnies, par P. Marcel. In-18. (*M. T.*)

868 **JUGEMENT** (du) dernier, par Guill. Sherlock. In-8.

869 **JUIVE** (la) convertie, par M^me^ Foucault. in-12.

870 **JULES** chrétien, ou Dialogues sur les principes et les pratiques du chrétien, à l'usage des gens du monde, par Bochard. 2 vol. in-8.

871 **JULIE**, ou le Bon exemple. In-18. (*L. L.*)

872 **JULIEN** Durand, nouvelle librement imitée de l'anglais. In-18. (*L. L.*)

873 **JUMELLES** (les deux), ou la Famille du meunier, par Alex. Desves. In-12.

874 **JUSTINE**, ou la Piété filiale. In-18. (*G. F.*)

875 **JUSTINE**, ou l'Influence de la vertu. In-18 (*L. L.*)

876 **JOSÉ**, ou le Bon fils, par Ch. Guillemart. In-18.

877 **JOUR** (le) des morts. In-18. (*L. L.*)

878 **JOURNAL** de Cléry, ce qui s'est passé à la tour du Temple. In-12 et in-18.

879 **JOURNÉE** (une) à Genève, coup d'œil sur le berceau de la réforme au XIX^e^ siècle. In-8.

880 **JOURNÉES** mémorables de la révolution française, racontée par un père à ses fils, par le vicomte Walsh. 5 vol. in-8.

# L.

881 **LA BRUYÈRE** (le) des jeunes personnes, par Mme Mallès de Beaulieu. In-12.

882 **LADY ANNE**, ou Premières années d'une jeune orpheline, suivie de l'Ecole de charité, traduction de Mme H***. In-12.

883 **LAURE**, ou la Jeune émigrée. In-18. (*M. T.*)

884 **LAURE** et Anna, ou la Puissance de la foi sur le caractère, par Mlle Fanny de V***. In-12. (*M. T.*)

885 **LAZARINE**, ou le Devoir une fois bien compris, religieusement accompli, par Mme Dié de Saint-Joseph. 2 vol. in-18. (*G. F.*)

886 **LEÇONS** de l'histoire, ou Lettres d'un père à son fils sur les faits intéressants de l'histoire universelle, par l'abbé Gérard. 11 vol. in-12.

887 **LEÇONS** françaises de littérature et de morale, ou Recueil en prose et en vers des plus beaux morceaux de notre langue, dans la littérature des deux derniers siècles, par MM. Noël et de La Place. 2 vol. in-8.

888 **LEÇONS** d'une mère à ses enfants sur la religion, par Mme Caroline Falaise. 2 vol. in-12.

889 **LECTURES** instructives recueillies de divers auteurs, par ***. In-18. (*L. L.*)

890 **LÉMAN** (le), ou Voyage pittoresque, historique et littéraire à Genève et dans le canton de Vaud (Suisse), par M. Bailly de la Londe. 2 vol. in-8. (*R.*)

891 **LÉPREUX** (le) de la cité d'Aost, suivi de la Jeune Sibérienne, par le comte Xavier de Maistre. In-12.

892 **LETTRES** à Eugène sur l'Eucharistie, par le R. P. Marie-Joseph de Géramb. In-12.

893 **LETTRES** à mon fils sur les causes, la marche et les effets de la Révolution française, par Taillandier. In-8.

894 **LETTRES** à Mgr. l'évêque de Langres sur la congrégation des Missions étrangères, par J.-F.-O. Luquet, prêtre. In-8.

895 **LETTRES** à un curé sur l'éducation du peuple, par M. Laurentie, In-18.

896 **LETTRES** à un gentilhomme russe sur l'Inquisition espagnole, par le comte de Maistre. In-8.

897 **LETTRES** à un matérialiste sur la nature de l'âme, par l'abbé de Lignac. In-12.

898 **LETTRES** à un père sur l'éducation de son fils, et à une mère sur l'éducation de sa fille, par Laurentie. 2 vol. in-18.

899 **LETTRES** de Léandre à Théophile sur la manière de remplir chrétiennement ses devoirs dans le monde. In-18. (*L. L.*)

900 **LETTRES** de L. Euler à une princesse d'Allemagne (*Bibl. Ch. de Laurentie*). In-18.

901 **LETTRES** de milady Montague (*Bibl. Ch. de Laurentie.*) In-18.

902 **LETTRES** de quelques juifs à M. de Voltaire, par l'abbé Guénée (*édit.* A. M. D. G.). 3 vol. in-12.

903 **LETTRES** de Rocheville sur l'esprit du siècle, par M. d'Exauvillez. In-18.

904 **LETTRES** de saint Bernard, traduites en français sur l'édition des Bénédictins de 1690, par l'abbé P***. 3 vol. in-8.

905 **LETTRES** de saint François de Sales. 4 vol. in-8.

906 *Les mêmes*, aux gens du monde. In-12.

907 **LETTRES** de saint François Xavier, traduites sur l'édition latine de Bologne de 1795, précédées d'une notice historique sur sa vie et sur l'établissement de la compagnie de Jésus. In-8.

908 **LETTRES** de saint Jérôme, traduites par MM. Grégoire et Collombet. 5 vol. in-8.

909 **LETTRES** de sainte Chantal, fondatrice de l'ordre de la Visitation. 2 vol. in-8.

910 **LETTRES** de Scheffmacher, docteur allemand de l'Université catholique de Strasbourg, à un gentilhomme et à un magistrat protestants, revues, corrigées et augmentées des plus savantes dissertations sur les articles controversés, par M. A.-B. Caillau. 4 vol. in-8.

911 **LETTRES** d'un père à son fils sur la religion, par M. d'Exauvillez. in-18.

912 **LETTRES** d'une mère à son fils sur la religion, par l'abbé Monet. 3. vol. in-12.

913 **LETTRES** du P. Roy. 2 vol. in-12.

914 **LETTRES** édifiantes et curieuses, écrites des missions. 40 vol. in-18.

915 **LETTRES** édifiantes et curieuses sur l'Algérie, par M. l'abbé Suchet. In-8. *(M. T.)*

916 **LETTRES** et vie de Léonie. 3 vol. in-12 ou in-18.

917 **LETTRES** pour servir à l'éducation d'une jeune personne, par mistress Chapone, traduites de l'Anglais, par A. F. Ozanam. In-12.

918 **LETTRES** spirituelles à une dame anglaise, née protestante et convertie à la foi catholique, par l'abbé Prémord, faisant suite aux *Règles de la vie chrétienne*, par le même auteur. In-12.

919 **LETTRES** spirituelles de Bossuet. 4 vol. in-8.

920 **LETTRES** spirituelles du P. Lombez. In-12.

921 **LETTRES** spirituelles du P. Surin. 2 vol. in-12.

922 **LETTRES** sur l'Angleterre, par le vicomte Walsh. In-8.

923 **LETTRES** sur l'Angleterre, par M. de Genoude. In-8.

924 **LETTRES** sur le protestantisme, ou Réponse de M. l'abbé Thibaud, curé de la cathédrale de La Rochelle, aux nouvelles lettres de M. Cambon, ministre protestant à Marennes, sur les prétendues erreurs de l'Eglise romaine. 2 vol. in-8.

925 **LETTRES** sur le Saint-Siége, suivies du mémoire sur le rétablissement en France des frères prêcheurs, par le R. P. Lacordaire. In-8.

926 **LETTRES** sur l'histoire de la réforme en Angleterre et en Irlande, par William Cobbett. In-12.

927 **LETTRES** sur l'Italie, par M. de Joux. 2 vol. in-8 et in-12.

928 **LETTRES** sur les Etats-Unis d'Amérique, adressées à M. le comte O'Mahony en 1832-33. 2 vol. in-8.

929 **LETTRES** sur les îles Marquises, ou Mémoires pour servir à l'étude religieuse, morale, politique et statistique des îles Marquises et de l'Océanie orientale, par le P. Mathias G***. In-8.

930 **LETTRES** sur les spectacles, par Desprez de Boissy. 2 vol. in-12.

931 **LETTRES** sur l'origine de la chouannerie et sur les chouans du bas Maine, par Duchemin de Scepeaux. 2 vol. in-8.

932 **LETTRES** vendéennes, ou Correspondance de trois amis en 1823, par le vicomte Walsh. 3 vol. in-12.

933 **LETTRES** de William Coxe à M. W. Melmoth sur l'état politique civil et naturel de la Suisse, traduites de l'anglais. 2 vol. in-8. (R.)

934 **LIVRE** (le) de la nature, ou les Leçons de la nature de Cousin-Despréaux, nouvelle édition entièrement refondue, par M. Desdouits. 4. vol. in-12.

935 **LIVRE** (le) des anecdotes religieuses, morales, instructives et amusantes, faits contemporains, recueillis et mis en ordre par M. du B***. In-18.

936 **LIVRE** (le) des psaumes en vers français, par A. Guillemin. In-8.

937 **LOIRE** (de la) aux Pyrénées, lettres suivies de quelques fragments. In-8.

938 **LOISIRS** (les) d'un curé, par l'abbé Hunkler. In-12.

939 **LORD BYRON** et Thomas Moore (*Bibl. Ch. de Laurentie*). In-18.

940 **LORENZO**, ou l'empire de la religion. In-12 et in-18. (*L. L.*)

641 **LOUIS XVI** par M. le comte de Falloux. In-12.

942 **LOUIS XVI** et ses vertus, par l'abbé Proyart. 5 vol. in-8.

943 **LOUIS XVI** peint par lui-même, ou Correspondance et autres écrits de ce monarque. In-8.

944 **LOUISE** et Elisabeth, ou les Deux orphelins, par P. Marcel. In-18. (*M. T.*)

945 **LOUIS** le Pieux et son siècle, par Frantin. 2 vol. in-8.

946 **LOUISE**, ou la Bonne femme de chambre. In-18. (*L. L.*)

947 **LOUISE**, ou la Vocation. In-12.

948 **LUDOVIC**, ou la Famille de l'artiste, par M^lle^ M. Forgame. In-12.

949 **LUIS** et Rodrigo, ou l'Amitié aux prises avec l'ambition, épisode des dernières guerres de Grenade, par A.-G. Leclerc. In-12.

950 **LYCÉE**, ou Cours de littérature de La Harpe. 16 vol. in-8.

951 **LYDIA**, ou la Jeune grecque. In-18. (*M. T.*)

952 **LYRE** (la) chrétienne du XIX$^{e}$ siècle, ou Recueil de poésies religieuses contemporaines, précédée d'une introduction, par M. Antoine de Latour. In-8.

## M.

953 **MACHABÉE**, ou Religion et Patrie; par E.-M. Masse; 2 vol. in-18.

954 **MADAME** Herbert, ou la Religion mise à la portée de tout le monde. In-18.

955 **MADEMOISELLE** de Monteymart et Caliste Durvois, ou l'Amitié chrétienne, par M$^{me}$ de Sainte-Marie. In-18. (*G. F.*)

956 **MAGASIN** des adolescentes, par M$^{me}$ Leprince de Beaumont. 2 vol. in-12.

957 **MAGASIN** des jeunes dames, par M$^{me}$ Leprince de Beaumont. 3 vol. in-12.

958 **MAITRE** (un) d'école, par un habitant de Marseille. In-18. (*L. L.*)

959 **MALHEUR** et pitié, poëme, par Delille. In-18.

60 **MANUEL** de la jeunesse, ou Instructions familières sur les principaux points de la religion. 3 vol. in-12.

961 **MANUEL** de la messe, ou Explications des prières et cérémonies du

saint sacrifice, par M. Le Courtier, curé des Missions-Etrangères. In-12.

962 **MANUEL** des principales dévotions et confréries, par M. l'abbé Giraud. In-12.

963 **MARCELLIN**, ou de l'Existence du purgatoire et du devoir de prier pour les morts. In-18. (*L. L.*)

964 **MARGUERITE**, ou le dévouement d'une mère. In-18. (*L. L.*)

965 [a] **MARIANNE** Aubry, par Mlle Louise d'Aulnay. In-12.

966 **MARIE**, ou l'Ange de la terre, par Mlle Fanny de V***. In-12. (*M. T.*)

967 **MARIE**, ou la Fille de l'aveugle, ou ce que Dieu fait est bien fait, par Mme de Civray. In-12.

968 **MARIE**, ou la vertu heureuse de s'ignorer. In-18. (*G. F.*)

969 **MARIE** et son père. In-18. (*L. L.*)

970 **MARIE** modèle, station du mois de mai, par J.-M. Raynaud, prêtre. 2 vol. in-12.

971 **MARIE**, panégyrique de tous les siècles, par l'abbé Bourgeaud. 2 vol. in-8.

972 **MARINS** (les) célèbres de la France, par Adrien Lemercier. In-12. (*M. T.*)

973 **MARQUISE** (la) de Los-Valientes, par le P. Marin. 2 vol. in-12.

974 **MARRAINE** (la) et la filleule, ou Considération sur le baptême. In-18. (*L. L.*)

975 **MARTYR** (le) de la croix, épisode du siége d'Antioche, 1098. (*L. L*)

976 **MARTYR** (le) du secret de la confession. In-18. (*L. L.*)

977 **MARTYRS** (les) et les confesseurs de la foi dans les missions de la Cochinchine et du Tong-King, en 1833. In-18. (*L. L.*)

978 **MAXIME** pour se conduire chrétiennement dans le monde, par l'abbé Clément. In-12.

979 **MAXIMES** spirituelles pour la conduite des âmes, utiles aux directeurs et aux pénitents, par le P. Guilloré. In-8.

980 **MÉDITATIONS** (les) ou les songes d'Émilie. In-12.

981 **MÉDITATIONS** (extraits des) poétiques, par M. de Lamartine. In-18.

982 **MÉDITATIONS** pour servir de consolations dans les circonstances difficiles de la vie. In-18. (*L. L.*)

983 **MÉDITATIONS** sur l'Evangile, par Bossuet. 2 vol. in-12.

984 **MÉDITATIONS** sur les tombeaux, par Hervey. In-12.

985 **MÉLANGES** concernant la liberté religieuse (Recueil de brochures diverses publiées sur cette question). In-8.

986 **MÉLANGES** concernant la liberté d'enseignement. (Brochures relatives à cette question). In-8.

987 **MÉLANGES** concernant les congrégations religieuses. (Recueil de brochures relatives à cette question). In-8.

988 **MÉLANGES** concernant les jésuites. In-12.

989 **MÉLANGES** de droit public et de haute politique, par de Haller. 2 vol. in-8.

990 **MÉLANGES** de philosophie, d'histoire et de littérature; par l'abbé de Féletz. 6 vol. in-8.

991 **MÉLANGES** inédits, pour faire suite aux œuvres de Silvio Pellico. In-18.

992 **MÉLANGES** religieux, par Mlle Natalie P***. In-8.

993 [c] **MÉLANGES** scientifiques et littéraires de Malte-Brun, ou choix de ses principaux articles sur la littérature, la géographie et l'histoire, recueillis et mis en ordre, par J.-N. Nachet. 3 vol. in-8.

994 **MÉLANIE** et Lucette, ou les Avantages d'une éducation religieuse. In-18. (*M. T.*)

995 [c] **MÉLODIES** poétiques de la jeunesse, avec des notes biographiques et littéraires, par J.-F. Collombet. 4 vol. in-8.

996 **MÉMOIRES** historiques et politiques, de 1820 à 1830, par A. d'Egvilly. In-8.

997 **MÉMOIRES** historiques sur Louis XVII, par Eckard. In-8.

998 **MÉMOIRES** de l'abbé Edgeworth de Firmont, dernier confesseur de Louis XVI, et Lettres du même. In-8.

999 **MÉMOIRES** de Belval, ou la vérité reconnue, par Loisson de Guinaumont. In-8.

1000 **MÉMOIRES** de Duguay-Trouin. In-12.

1001 **MÉMOIRES** de François Hue, relatifs à la Révolution française. In-8.

1002 **MÉMOIRES** de la mère de Chaugy, sur la vie et les vertus de sainte Jeanne-Françoise de Chantal, publiés par M. l'abbé E. Boulangé. In-12.

1003 **MÉMOIRES** de littérature, tirés des registres de l'Académie royale des inscriptions et belles-lettres, depuis son renouvellement jusqu'en 1710. 20 vol. in-12.

1004 **MÉMOIRES** de M^me de La Rochejacquelein. In-8.

1005 **MÉMOIRES** de M^me de Sapinaud sur la Vendée. In-12.

1006 **MÉMOIRES** de Mgr. Jean Brumeauld de Beauregard, évêque d'Orléans, précédés de sa vie, écrite sur des notes et des documents authentiques. 2 vol. in-12.

1007 **MÉMOIRES** d'un ange gardien. In-18. (*G. F.*)

1008 **MÉMOIRES** d'un prisonnier d'état au Spielberg, par Andriane. 4 vol. in-8 ou 2 vol. in-12.

1009 **MÉMOIRES** du cardinal Pacca sur la captivité de Pie VII, et le concordat de 1813, pour servir à l'histoire du règne de Napoléon. 2 vol. in-8.

1010 **MÉMOIRES** du comte Fortuné Guyon de Rochecotte, par Alph. de Beauchamp. In-8.

1011 **MÉMOIRES** du comte de Puisaye. 7 vol. in-8.

1012 **MÉMOIRES**, lettres et pièces authentiques touchant la vie et la mort du duc de Berry, par le vicomte de Châteaubriand. In-8.

1013 **MÉMOIRES** particuliers pour servir à l'histoire de la fin du règne de Louis XVI, par A.-F. de Bertrand de Molleville. 2 vol. in-8.

1014 **MÉMOIRES** philosophiques du baron de ***, ou l'Adepte de la philosophie ramené à la religion, par l'abbé de Crillon. In-8.

1015 **MÉMOIRES** pour servir à l'histoire de la maison de Condé. 2 vol. in-8.

1016 **MÉMOIRES** pour servir à l'histoire de la religion à la fin du XVIII^e siècle. 2 vol. in-8.

1017 **MÉMOIRES** pour servir à l'histoire de la révolution d'Espagne, par Nellerto. 3 vol. in-8.

1018 **MÉMOIRES** pour servir à l'histoire de l'Assemblée constituante et de la révolution de 1789, par le citoyen C.-E. F***, de l'Assemblée constituante. 3 vol. in-8.

1019 **MÉMOIRES** pour servir à l'histoire de Louis, dauphin de France, mort à Fontainebleau. 2 vol. in-12.

1020 [c] **MÉMOIRES** pour servir à l'histoire des Cacoucas, par Moreau. In-12.

1021 **MÉMOIRES** pour servir à l'histoire des événements de la fin du XVIII^e^ siècle, de 1760-1810, par l'abbé Georgel. 6 vol. in-8.

1022 **MÉMOIRES**, pour servir à l'histoire ecclésiastique pendant le XVIII^e^ siècle. 2 vol. in-8.

1023 **MÉMOIRES** (ou choix de chroniques) relatifs à l'histoire de France. 8 vol. grand in-8, contenant :

| | | | |
|---|---|---|---|
| MÉMOIRES | de Bertrand de Salignac. | MÉMOIRES | d'Enguerrand de Monstrelet. |
| — | Claude de la Chastre. | — | de Philippe de Commines. |
| — | Guillaume de Rochechouart. | — | Guillaume de Villeneuve. |
| — | Michel de Castelnau. | — | d'Olivier de la Marche. |
| — | Henri de la Tour d'Auvergne. | — | Georges Chastelain. |
| — | Guillaume de Saulx. | — | Jean Bouchet. |
| — | Christine de Pisan. | — | du loyal serviteur. |
| — | Jean Juvénal des Ursins. | — | Guillaume de Marillac. |
| — | Bertrand du Guesclin. | — | Jacques Buonaparte. |
| — | Miguel del Verms. | — | Robert de la Mark. |
| — | Mathieu de Coussy. | — | Louise de Savoie. |
| — | de Jean de Troyes. | — | Martin du Bellay. |
| — | Guillaume Gruel. | — | Blaise de Montluc. |
| — | sur Jeanne d'Arc. | — | Vincent Carloix. |
| — | Pierre de Fenin. | — | Gaspard de Saulx. |
| — | d'un bourgeois de Paris. | — | de Boyvin du Villars. |

1024 **MÉMOIRES** secrets et inédits pour servir à l'histoire contemporaine, recueillis et mis en ordre par Alph. de Beauchamp. 2 vol. in-8.

1025 **MÉMOIRES** sur l'ancienne chevalerie, par Lacurne de Ste-Palaye. 3 vol. in-12.

1026 **MÉMOIRES** sur la guerre de la Navarre, par le vicomte Alph. de Barrès du Molard. In-8.

1027 **MÉMOIRES** sur la guerre de la Vendée, en 1815, par le baron Canuel. In-8.

1028 **MÉMOIRES** sur la Révolution française, depuis son origine jusqu'à la retraite du duc de Brunswick, par le marquis de Bouillé. 2 vol. in-8.

1029 **MÉMOIRES** sur la révolution de France de 1789-1830, par le comte de Vaublanc. 4 vol. in-8.

1030 **MÉMOIRES** sur la vie et la congrégation de saint Alph. de Liguori, par le R. P. Antoine-Marie Tannoja. 3 vol. in-8.

1031 **MÉMOIRES** sur l'expédition de Quiberon, par L.-G. de Villeneuve-la Roche-Barnaud. 2 vol. in-8.

1032 **MÉMORIAL** de la Révolution française, ses causes, ses promesses et ses résultats, par Touss. Joly. 2 vol. in-12.

1033 **MENDIANT** (le), par A. Devoille. 2 vol. in-12.

1034 **MER** (la), ou Histoire des naufrages, par A. de Fontaine de Resbecq. In-18. (*G. F.*)

1035 **MÈRE** (la) de Dieu mère des hommes, ou Explication du mystère de la très sainte Vierge au pied de la croix, par le R. P. Ventura, traduite de l'italien. In-12.

1036 **MÈRE** (la) des pauvres, ou Vie de Bernardine Rousseau, par M. l'abbé Parenty. In-18. (*L. L.*)

1037 **MERVEILLES** et beautés de la nature en France, par G.-B. Depping. In-12.

1038 **MERVEILLES** (les) de la providence dans la nature et dans la religion. In-12.

1039 **MES PRISONS**, ou Mémoires de Silvio Pellico. In-12. (*M. T.*)

1040 **MES VACANCES** en Italie, par M. l'abbé Ch. Moreau. In-12.

1041 **MÉTHODE** abrégée d'étudier la religion par principes et d'en démontrer la vérité. In-12.

1042 **MÉTHODE** courte et facile pour se convaincre de la vérité de la religion catholique, par un supérieur de séminaire. In-18.

1043 **MICHAEL**, ou le Jeune chevrier du Mont-Perdu, par A.-E. de Saintes. In-12.

1044 **MICHEL** et Bruno, ou les Fils du pieux marinier. In-18. (*M. T.*)

1045 **MICHEL** et François, ou les Ecoles chrétiennes et mutuelles. In-18. (*G. F.*)

1046 **MILLE** et une nuits, contes arabes, traduites par Galland, *nouvelle édition revue, corrigée*, et revêtue de l'approbation de M. l'abbé Lejeune. In-12.

1047 *Les mêmes*, revues et corrigées par M. l'abbé Pinard. 5 vol. in-12.

1048 **MIROIR** des domestiques chrétiens, de Collet. In-18.

1049 **MIROIR** des femmes chrétiennes. In-18.

1050 **MIROIR** des jeunes chrétiens, ou Imitation de la sainte jeunesse de N.-S. extrait de Gobinet. In-18.

1051 **MIROIR** des jeunes personnes. In-18.

1052 **MISSIONNAIRES** (les) de 1793, par Fabry. In-8.

1053 **MODÈLE** de piété, ou Vie de Louis de Sales. In-18. (*L. L.*)

1054 **MODÈLE** (le) de la piété au milieu du monde, ou Vie de Mlle Marie Charlotte D***, par l'abbé de Villiers. In-8.

1055 **MODÈLE** (le) des jeunes pensionnaires. In-18. (*L. L.*)

1056 **MODÈLE** (le) des prêtres, ou Vie du P. Brydaine. In-12. (*L. L.*)

1057 **MODÈLES** de grandeur d'âme, ou détails intéressants sur la vie et la mort du duc de Berry. In-18.

1058 **MODÈLES** de grandeur d'âme, ou détails intéressants sur la vie et la mort du duc d'Enghien. In-18.

1059 **MODÈLES** de perfection chrétienne, ou Vies de plusieurs saints et saintes. In-12.

1060 [c] **MOEURS** chrétiennes au moyen âge, ouvrage traduit de l'anglais, par Daniélo. 2 vol. in-8.

1061 **MOEURS**, coutumes, usages et religions de la Chine, extrait de l'*Histoire des voyages*, par A. S***. In-12.

1062 **MOEURS**, coutumes et religion des sauvages américains, extrait du P. Lafiteau, par A. S***. In-12.

1063 **MOEURS** des Israélites et des chrétiens, par Fleury. In-12.

1064 **MONDE** (le) souterrain, ou Merveilles géologiques, par de Longchène. In-12. (*M. T.*)

1065 **MONT** (le) Valérien, histoire de la croix, des lieux saints, et du calvaire établi au Mont-Valérien. In-18.

1066 **MONT** (le) Valérien, ou Pèlerinage et amitié, par Max. de M***. In-12.

1067 **MORALE** du christianisme, offerte à la jeunesse, par Mme de S***. In-12 et in-18. (*L. L.*)

1068 **MORALE** enseignée par l'exemple. 3 vol. in-12.

1069 **MORALISTE** du premier âge. In-18. (*L. L.*)

1070 **MORALITÉS** et allégories. In-18. (*L. L.*)

1071 **MORT** (de la), par Guill. Sherlock. In-8.

1072 **MORTS** édifiantes (recueil de), par M. d'Exauvillez. In-18.

1073 **MORTS** funestes des impies (recueil de), par M. d'Exauvillez. In-18.

1074 **MOTIFS** qui ont ramené à l'église catholique un grand nombre de protestants. In-12.

1075 **MOUVEMENT** (du) religieux en Angleterre, ou les Progrès du catholicisme et le retour de l'église anglicane à l'unité, par un catholique in-8.

1676 **MYTHOLOGIES** (les) de tous les peuples, racontées à la jeunesse, par Mme Laure Bernard. In-12.

## N.

1077 **NAISSANCE** du protestantisme. In-18.

1078 **NATALIE** ou la Piété nous rend heureux. In-18. (*L. L.*)

1079 **NATTES** (les), par Louis Veuillot. In-12.

1080 **NAUFRAGE** ou l'Ile déserte. In-18. (*L. L.*)

1081 **NAUFRAGÉS** (les) au Spitzberg, ou les Heureux effets de la confiance en Dieu. In-12. (*M. T.*)

1082 **NAUFRAGES** célèbres, ou Aventures les plus remarquables des Marins. In-12. (*M. T.*)

1083 **NÉCESSITÉ** du Salut, ses obstacles et ses moyens, par le P. Pallu. In-12.

1084 **NORD** (le) de la Sibérie, voyage parmi les peuplades de la Russie asiatique et dans la mer Glaciale; par MM. de Wrangell, Matiouchkine et Kozmine, trad. par le prince E. Galitzin. 2 vol. in-8.

1085 **NOTICE** sur la Vie et la Mort de J. Gabriel Perboyre, prêtre de la congrégation de Saint-Lazare, martyrisé en Chine, le 11 septembre 1840; par un prêtre de la même congrégation. In-8.

1086 **NOTICES** sur les 70 Serviteurs de Dieu mis à mort pour la foi en Chine, au Tong-king et en Cochinchine, par M. l'abbé Rousseau. In-12.

1087 **NOTRE DAME** de Fourvière, ou Recherches historiques sur l'autel tutélaire des Lyonnais, et sur les principaux événements qui en ont retardé ou hâté la gloire, par M. l'abbé Cahour. In-8.

1088 **NOUVEAU** (le) Tobie, ou la Patience dans les afflictions de la vie. In-18. (*L. L.*)

1089 **NOUVEAU** traité de Géologie ou Exposé de l'état actuel de cette science dans ses rapports avec l'agriculture, l'industrie, les arts et la tradition biblique, par Alex. Giraudet. In-8. (*M. T.*)

1090 **NOUVEAU** traité des sciences géologiques, par L. F. Jéhan. In-12.

1091 **NOUVEAU** choix des lettres de Mme de Sévigné, spécialement destiné aux petits séminaires et aux pensionnats de jeunes demoiselles, par M. l'abbé Allemand, in-8. (*M. T.*) et 3 vol. in-18.

1092 **NOUVEAUX** essais dramatiques et moraux; scènes populaires. In-18. (*L. L.*)

1093 [c] **NOUVEAUX** mélanges asiatiques, ou Recueil de morceaux de critique et de mémoires relatifs aux religions, aux sciences, aux coutumes, à l'histoire et à la géograp hiedes nations orientales, par Abel Rémusat. 2 vol. in-8.

1094 **NOUVEAUX** (les) petits Béarnais, par Mme Delafaye-Bréhier. 2 vol. in-12.

1095 **NOUVELLES** diverses, par Edouard Ourliac. In-12.

1096 **NOUVELLES** lettres inédites de saint François de Sales, évêque et prince de Genève, dédiées à la reine de Sardaigne. 2 vol. in-8.

1097 **NOUVELLES** lettres de William Cobbett aux ministres de l'Eglise d'Angleterre et d'Irlande, ou suite de l'*Histoire de la réforme* du même auteur. In-18.

1098 **NOUVELLES** morales, par M. d'Exauvillez. In-12.

1099 **NOUVELLES** religieuses, par Mme Tarbé. 2 vol. in-18.

## O.

1100 **OBSERVATION** (de l') des commandements de Dieu. In-18. (*L. L.*)

1101 **OBSERVATION** (de l') des commandements de l'Eglise. In-18. (*L. L.*)

1102 **OBSERVATIONS** sur l'histoire et les preuves de la résurrection de Jésus-Christ. In-12.

1103 **OEUVRES** choisies de M. l'abbé Doucet, prêtre de St-Thomas d'Aquin, sermons, prônes et instructions. 2 vol. in-12 ou 4 vol. in-18.

1104 [c] **OEUVRES** choisies de Lefranc de Pompignan. 2 vol. in-12.

1105 **OEUVRES** complètes (*excepté les Idylles*) de Berquin. 19 vol. in-12.

1106 **OEUVRES** complètes de Bossuet. 30 vol. in-8.

1107 **OEUVRES** complètes de Bourdaloue. 22 vol. in-12.

1108 **OEUVRES** complètes de Fénelon.

1109 **OEUVRES** complètes de Massillon. 14 vol. in-12.

1110 **OEUVRES** complètes de M. de Bonald. 15 vol. in-8.

Ces OEuvres se composent des ouvrages suivants :
ESSAI ANALYTIQUE sur les lois naturelles de l'ordre social. 1 vol. — LÉGISLATION PRIMITIVE, considérée dans les derniers temps par les seules lumières politiques. 3 vol. — DU DIVORCE considéré au XIXe siècle, relativement à l'état domestique et à l'état public de la société. 1 vol. — PENSÉES DIVERSES et opinions politiques. 2 vol. RECHERCHES PHILOSOPHIQUES sur les premiers objets des connaissances morales. 2 vol. — MÉLANGES littéraires, politiques et philosophiques. 2 vol. — DÉMONSTRATION PHILOSOPHIQUE du principe constitutif de la société. 1 vol. — THÉORIE DU POUVOIR politique et religieux dans la société civile, démontrée par le raisonnement et par l'histoire. 3 vol.

1111 **OEUVRES** complètes de M. le comte de Maistre. 8 vol. in-8.

Ces OEuvres se composent des ouvrages suivants :
CONSIDÉRATIONS sur la France. — ESSAI sur le principe générateur des constitutions politiques. 1 vol. — DÉLAIS de la justice divine dans la punition des coupables. — LETTRES d'un gentilhomme russe sur l'inquisition espagnole. 1 vol. —

Du pape. 1 vol. — De l'Église gallicane dans ses rapports avec le souverain pontife. 1 vol.— Soirées de Saint-Pétersbourg, ou Entretiens sur le gouvernement temporel de la providence. 1 vol. — Examen de la philosophie de Bacon, où l'on traite différentes questions de philosophie rationnelle. 1 vol.

1112 **OEUVRES** complètes de saint Cyrille, patriarche de Jérusalem, traduites du grec sur l'édition du père Touttée, de 1727, avec des notes historiques et critiques, par M. Ant. Faivre. 2 vol. in-8.

1113 **OEUVRES** complètes du chanoine Schmid, nouvelle traduction de l'allemand, d'après l'édition définitive de 1841 à 1843, publiées avec le consentement de M. l'abbé Schmid et l'approbation de Mgr. l'archevêque de Paris. 14 vol. in-12 ou 42 vol. in-18.

1114 **OEUVRES** complètes du P. Guilloré. 4 vol. in-8.

1115 [c] **OEUVRES** de Gresset (le 1er volume). In-18.

1116 **OEUVRES** de Mgr. de Belzunce, évêque de Marseille. 2 vol. in-8.

1117 **OEUVRES** de saint Denys l'Aréopagite, traduites du grec, précédées d'une introduction où l'on discute l'authenticité de ces livres et où l'on expose la doctrine qu'ils renferment, et l'influence qu'ils ont exercée au moyen âge, par M. l'abbé Darboy. In-8.

1118 **OEUVRES** de saint Jean-Climaque, abbé du Mont-Sinaï, comprenant l'Echelle sainte, ou les Degrés pour monter au ciel, et la lettre au pasteur, par l'abbé P***. In-8.

1119 **OEUVRES** de saint Prosper d'Aquitaine, secrétaire de saint Léon le Grand, sur la grâce de Dieu, le libre arbitre de l'homme et la prédestination des saints. In-8.

1120 **OEUVRES** de saint Vincent de Lérins et de saint Eucher de Lyon, par A.-F. Grégoire et J. Collombet. In-8.

1121 **OEUVRES** dogmatiques du bienheureux Liguori, histoire des hérésies et leur réfutation, ou le Triomphe de l'Église. 2 vol. in-12.

1122 **OEUVRES** du P. du Cerceau, contenant son théâtre et ses poésies. 2 vol. in-8.

1123 **OEUVRES** spirituelles de Fénelon. 4 vol. in-12.

1124 **OLYMPE** et Adèle, ou Humilité et orgueil, par Mme de Ste-Marie. In-18. (*G. F.*)

1125 **ORAISONS** funèbres de Bossuet. In-8.

1126 **ORAISONS** funèbres de Fléchier. In-18.

1127 **ORAMAIKA**, nouvelle indienne. In-18. (*G. F.*)

1128 **ORIGINE** (de l') des lois, des arts et des sciences, et de leurs progrès chez les anciens peuples, par Goguet. 6 vol. in-12.

1129 **ORIGINES** (les) du christianisme, par Dœllinger, professeur d'histoire à l'Université de Munich, traduites de l'allemand par Léon Boré. 2 vol. in-8.

1130 **ORNEMENTS** (les) de la mémoire. In-12.

1131 **ORPHELINE** (l') de Moscou, ou la jeune institutrice, par Me Voillez. In-12. (*M. T.*)

1132 **ORPHELINS** (les) juifs. In-18. (*L. L.*)

1133 **ORPHELINS** (les) piémontais. 2 vol. in-12.

1134 **OUVRAGES** de Lesley contre les déistes et les juifs, traduits par le P. Houbigant. In-8.

# P.

1135 **PACIFICATION** (de la) religieuse. Quelle est l'origine des querelles actuelles? Quelle en peut être l'issue? par M. l'abbé Dupanloup. In-8.

1136 **PAIX** (de la) entre les Eglises et les Etats par Mgr Clément-Auguste archevêque de Cologne, traduit par le comte d'Horrer. In-8.

1137 **PAPAUTÉ** (la) considérée dans son origine, dans son développement au moyen âge, et dans son état actuel, par M. l'abbé C. M. Magnin. In-8.

1138 **PAPE** (du), par le comte Joseph de Maistre. 2 vol. in-8.

1139 **PARDON** (le) du jubilé, ou les Armes du christianisme, par C. F. N*** prêtre du diocèse de Lyon. In-8.

1140 **PARFAIT** (le) Domestique, ou les Aventures de Jasmin, par M. d'Exauvillez. In-18.

1141 **PARISIEN** (le) et le Savoyard, ou Excursion en Savoie, par Aimé Zachelli. In-18. (*G. F.*)

1142 **PAROLES** mémorables, recueillies par Brottier. In-12.

1143 **PASSE-TEMPS** (le) moral, ou la Vertu mise en action, par Mme Foucault. In-12.

1144 **PASSE-TEMPS** poétiques, par le chevalier de Bouffret. In-12.

1145 **PATRIARCHE** (le) des Vosges ou le Bonheur des familles chrétiennes. In-18.

1146 **PAUL**, ou les Effets d'un caractère faible, par M. l'abbé Guérinet. In-12. (*M. T.*)

1147 **PAUL** et George, ou Charité et rigorisme. In-18. (*M. T.*)

1148 **PAULINE**, ou Courage et prudence, par Mme de Sainte-Marie. In-18. (*G. F.*)

1149 **PAUVRE** Jacques, ou le Frère adoptif suivi de la veillée bienfaisante, par Mme Julie Delafaye-Bréhier. In-12.

1150 **PAUVRE** (le) Orphelin. In-18. (*L. L.*)

1151 **PÊCHEURS** (les) de la côte, ou Résignation et dévouement. In-18. (*L. L.*)

1152 **PEINTRES** (les) célèbres, par F. Valentin. In-12. (*M. T.*)

1153 **PEINTURES** (les) Sacrées de la Bible, enrichies de figures qui contiennent les principaux sujets de l'Histoire-Sainte, par M. T.*** 3 vol. in-12.

1154 **PÈLERINAGE** à Jérusalem et au mont Sinaï en 1831, 1832 et 33, par le R. P. de Géramb, 3 vol. in-8 ou in-12.

1155 **PÈLERINAGE** d'un nommé Chrétien. In-18.

1156 **PÈLERINAGES** (les) de Suisse, par Louis Veuillot. In-8 et in-12. (*M. T.*)

1157 **PENSÉES** de la solitude chrétienne sur l'éternité, le mépris du monde, par le R. P. Toussaint de Saint-Luc. In-12.

1158 **PENSÉES** de Pascal. In-12.

1159 **PENSÉES** et réflexions propres à former nos opinions sur les hommes et les choses, par M. d'Exauvillez. In-18.

1160 **PENSÉES** de saint Augustin. In-18. (*L. L.*)

1161 **PENSÉES** d'un croyant catholique, ou Considérations philosophiques, morales et religieuses sur le matérialisme moderne, etc., par P. J. C. Debreyne. In-8.

1162 **PENSÉES** sur les fins dernières de l'homme. In-18. (*L. L.*)

1163 **PENSÉES** sur les plus importantes vérités de la Religion et les principaux devoirs du christianisme, par le P. Humbert. In-12.

1164 **PENSÉES** théologiques relatives aux erreurs du temps, par le R. P. Nicolas Jamin. In-12.

1165 **PÈRE** (le) Keing, imité de l'allemand de T. O. 2 vol. in-18. (*G. F.*)

1166 **PÈRE** (le) la Pensée, ou les Veillées au village, par A. E. de Saintes. In-12.

1167 **PÈRE** (le) des malheureux, ou Vie de Claude-Bernard *dit* le pauvre prêtre, par ***. In-18. (*L. L.*)

1168 **PERPÉTUITÉ** de la foi de l'Eglise catholique touchant l'Eucharistie. In-18.

1169 **PERSÉCUTIONS** et souffrances de l'Eglise catholique en Russie, ouvrage appuyé de documents inédits; par un ancien conseiller d'état de Russie. In-8.

1170 **PETERS**, ou Episode d'un voyage en Suisse. In-18. (*G. F.*)

1171 **PETIT** Anacharsis indien, ou Voyage du jeune Anacharsis en Grèce, abrégé de J. J. Barthélemy, par Le Maire. In-12.

1172 **PETIT** Carême de Massillon. In-18.

1173 **PETIT** (le) Grandisson, par Berquin. In-18.

1174 **PETIT** (le) Matelot, ou Voyage en Océanie; relation des mœurs, usages, coutumes, etc., par C. H. de Mirval. In-12.

1175 **PETIT** Pierre et Michelette, ou les Deux orphelins, par A. E. de Saintes. In-12.

1176 **PETIT** (le) Savoyard, histoire morale dédiée à la jeunesse; suivi du *Pauvre orphelin*. In-12 et in-18. (*L. L.*)

1177 **PETIT** (le) Savoyard, poëme élégiaque en trois chants. In-18.

1178 **PETIT** tableau des arts et métiers, ou Notions sur les principaux travaux des hommes et sur quelques nouvelles découvertes dans les arts. In-12.

1179 **PETIT** voyage autour du monde, par P. Blanchard. In-12.

1180 **PETITE** biographie des Français les plus célèbres, par Octave B.... 2 vol. in-18. (*G. F.*)

1181 **PETITE** (la) mendiante. In-18. (*L. L.*)

1182 **PETITE** (la) mendiante, ou une Journée d'angoisse et de bonheur. In-18. (*M. T.*)

1183 **PETITE** (la) chouannerie, ou Histoire d'un collége breton sous l'Empire, par A. F. Rio. In-8.

1184 **PETITE** société savante, par M^me^ Mallés de Beaulieu. In-12.

1185 **PETITES** nouvelles, par de jeunes auteurs. In-18.

1186 **PETITS** (les) Béarnais, par M^me^ Delafaye Bréhier. 2 vol. in-12.

1187 **PETITS** (les) musiciens, par M^me^ Eugénie Foa. In-12.

1188 **PEUPLE** (le) ramené à la foi par des raisons et des exemples, par le Cte. de M... revu par M. L. F. Guérin. 2 vol. in-18.

1189 **PHILOSOPHIE** de l'histoire professée en 18 leçons publiques à Vienne par Frédéric Schlégel, ouvrage traduit de l'allemand en français par l'abbé Lechat. 2 vol. in-8.

1190 **PHILOSOPHE** (le) moderne, ou l'Incrédule condamné au tribunal de sa raison, par l'abbé L. M. D. G. In-12.

1191 [c]. **PHRÉNOLOGIE** morale, en opposition à la doctrine matérielle de Broussais, par M. Serrurier. 1 vol. in-8.

1192 **PIERRE** Cœur, ou l'Orgueil vaincu par la générosité. In-18. (*M. T.*)

1193 **PIERRE** Desbordes, ou le Danger des mauvaises liaisons, par M. d'Exauvillez. In-18.

1194 **PIERRE** le citadin, par Charles Guillemart. In-18.

1195 [c]. **PIERRE** l'Ermite, ou la première croisade, par Henri Prat. In-8.

1196 **PIERRE** le Marin, ou Exposition et démonstration des vérités de la foi, par M. Henrion. In-18.

1197 **PIERRE** Saintive, par Louis Veuillot. In-12.

1198 **PIÉTÉ** filiale, ou Devoirs des enfants envers leurs parents. In-18. (*L. L.*)

1199 **PLACIDE** et Narcisse, ou Charité et égoïsme, par M. Fortunat. In-18. (*G. F.*)

1200 **PLAIDOYERS** (trois) religieux, ou le Dogme de la confession attaqué par un vieil officier et défendu par un jeune avocat. In-18. (*L. L.*)

1201 **PLUS** (la) solide, la plus nécessaire et souvent la plus négligée de toutes les dévotions, par M. J. B. Thiers, 2 vol. in-12.

1202 **POÉSIES** allemandes. In-18. (*Bibliothèq. choisie, Laurentie*).

1203 **POÉSIES** anglaise. In-18. (*Bibliot. choisie, Laurentie*).

1204 **POÉSIES** dédiées à la jeunesse, par Al. Guiraud. In-18.

1205 **PORTEFEUILLE** (le) rose, ou Lettres intimes de deux jeunes amies. In-18. (*G. F.*)

1206 **POUVOIR** du pape sur le temporel des rois au moyen âge, par M...., directeur au séminaire de Saint-Sulpice. In-8.

1207 **PRASCOVIE**, ou la Piété filiale, histoire russe, par M***. In-12.

1208 **PRATIQUE** de l'amour de Dieu, par saint Alphonse de Liguori. In-18.

1209 **PRATIQUE** (abrégé de la), de la perfection chrétienne de Rodriguez, par Tricalet. 2 vol. in-12.

1210 **PRÉCIS** de la captivité du bon roi Louis XVI. In-18.

1211 **PRÉCIS** de l'histoire, par M. de Villeneuve, ancien préfet. In-8.

1212 **PRÉCIS** des cérémonies papales, ou Descriptions du cérémonial usité aux chapelles, messes, vêpres et offices de la semaine sainte que le souverain Pontife tient ou célèbre à Rome, précédé d'un aperçu sur les dignitaires ecclésiastiques et civils qui en font partie, par A. Manavit. In-12.

1213 **PRÉJUGÉS** légitimes contre les protestants. In-12.

1214 **PRÉSENCE** corporelle de l'homme en tous lieux, prouvée possible par les principes de la bonne philosophie, par l'abbé de Lignac. In-12.

1215 **PREUVES** simples et claires de la divinité de J.-C. In-12.

1216 **PREUVES** de la religion exposées dans leur enchaînement et leur suite, par Lacoste. 2 vol. in-12.

1217 **PREUVES** historiques de la religion, par Bauzée. In-12.

1218 **PRÉVENTIONS** et dévouement, ou Lettres d'une jeune personne à son institutrice, par Mme Manceau. In-12.

1219 **PRIMEVÈRES**, lis et marguerites, par N. Nibelle. In-8.

1220 **PRINCESSES** (les) de France, modèles de vertu et de piété. In-18 (*L. L.*)

1221 **PRINCIPES** de droit naturel appliqués à l'ordre social, à l'usage des jeunes gens destinés aux fonctions publiques, par J. P. Maffioli. 2 vol. in-8.

1222 **PRINCIPES** fondamentaux de la religion, ou le Catéchisme de l'âge mûr. Méthode courte et à la portée de tous les fidèles qui n'ont pas reçu d'autres instructions sur cette matière que celles de l'enfance, et qui désirent se rendre raison des motifs de leur foi, par Alletz. In-18.

1223 **PRINTEMPS** (le), ou considérations sur les œuvres de Dieu, par Mlle Brun. In-18. (*G. F.*)

1224 [c]. **PRINTEMPS** d'un proscrit, par Michaud. In-12.

1225 **PRISONNIER** (le) de Russie par l'auteur des *Youlofi*. In-18. (*L. L.*)

1226 **PRISONNIERS** (les) du Caucase, suivi du Lépreux de la cité d'Aoste, par le comte Xavier de Maistre. In-12.

1227 **PROGRÈS** (les) de la vie spirituelle selon les différents états de l'âme, par le P. Guilloré. In-8.

1228 **PROMENADES** dans Paris, et descriptions de ses monuments avec un résumé historique des principaux événements dont cette capitale a été le théâtre, par C. H. de Mirval. In-12.

1229 **PRONES**, ou Instructions sur les grandeurs de Jésus-Christ, par Cochin. 2 vol. in-12.

1230 **PROTESTANTISME** (le) comparé au catholicisme dans ses rapports avec la civilisation européenne, par l'abbé Jacques Balmès. 3 vol. In-8.

1231 [c]. **PROTESTANTISME** (le) dévoilé, ou le Christianisme et le protestantisme mis en parallèle, par un curé du canton de Genève. In-12.

1232 **PROVIDENCE** (la), Esquisse historique, religieuse et morale, par le R. P. Touron, refaite pour le style, et enrichie d'anecdotes par le vicomte Walsh. In-8.

1233 **PSAUMES** en vers français, traduction nouvelle, par J.-M. Giffard. In-12.

1234 **PSAUMES** (les) traduits avec des réflexions, par le P. Berthier. 5 vol. in-12.

1235 **PSAUTIER** (le) en français, avec des notes pour l'intelligence du texte, traduit par J.-F. Laharpe. In-8.

1236 **PSYCHÉ** (la) des jeunes personnes, par A. E. de Saintes. 2 vol. in-12.

1237 **PUISSANCE** (la) de la croix, fait historique, par M***. In-18. (*G. F.*

1238 **PURETÉ** (la) du christianisme, ou le Christianisme n'a rien emprunté à la philosophie païenne, par le P. Baltus. 2 vol. in-8.

## Q.

1239 **QUATRE** (les) histoires, ou Que la religion inspire bien, par M... In-18.

1240 **QUATRE** (les) petits savoyards, par A.-E. de Saintes. In-12.

1241 **QUE LA RELIGION** est aimable, ou Récréations de la jeunesse catholique, par M.....

1242 **QUELQUES** semaines en Italie. In-12.

1243 **QUESTIONS** diverses sur l'incrédulité, par Lefranc de Pompignan, évêque du Puy. In-12.

## R.

1244 **RAISON** (la) du christianisme, ou Preuves de la vérité de la religion, tirées des écrits des plus grands hommes de la France, de l'Angleterre et de l'Allemagne. Publié par M. de Genoude. 12 vol. in-8.

1245 **RECHERCHES** curieuses sur la diversité des langues et des religions dans toutes les principales parties du monde, par Brerewood. In-12.

1246 **RECHERCHES** historiques sur les derniers jours des rois de France, leurs funérailles, leurs tombeaux, suivie d'une notice sur Saint-Denys, le sacre des rois et leur couronnement, par Berthevin. In-8.

1247 **RÉCITS** (les) du château, par M. d'Exauvillez. In-12. (*M. T.*)

1248 **RÉCITS** d'un vieillard, contes et nouvelles pour la jeunesse, par Mme Delafaye Bréhier. In-12.

1249 **RECUEIL** des morts édifiantes, par M***. In-18.

1250 **RECUEIL** des morts funestes des impies les plus célèbres depuis le commencement du monde, par M. d'Exauvillez. In-18.

1251 **RECUEIL** de réfutations des principales objections tirées des sciences et dirigées contre les bases de la religion chrétienne ; par L. de Rouen, baron d'Alvimare. In-8.

1252 **RÉCRÉATIONS** innocentes de la jeunesse, ou Recueil d'anecdotes, saillies, calembourgs, naïvetés, scènes de police correctionnelle ; par M. l'abbé Devin. 2 vol. in-12.

1253 **RÉFLEXIONS** morales sur le Nouveau Testament, traduit en français; précédé de la concorde des quatre évangélistes, avec notes pour servir à l'intelligence du texte, par le P. Lallemant. 5 vol. in-8.

1254 **REFLEXIONS** philosophiques sur le *Système de la nature*, par Holland. In-12.

1255 **RÉFLEXIONS** spirituelles du P. Berthier. 5 vol. in-12.

1256 **RÉFLEXIONS** sur la religion chrétienne, par le père Pallu. In-12.

1257 **RÉFLEXIONS** sur la révolution de France par Ed. Burke, publiées en 1790. Nouvelle édition avec des notes, par J. A. A***. In-8.

1258 **RÉFLEXIONS** sur l'incrédulité de quelques hommes du monde, par F. de F. In-8.

1259 **RÈGLES** de la vie chrétienne d'après les livres saints et les auteurs catholiques les plus approuvés, ou Lettres spirituelles à une dame anglaise protestante convertie à la foi catholique, par l'abbé Prémord. Trad. de l'anglais, sur la deuxième édition, par M. l'abbé C. J Busson. 2 vol. in-12.

1260 **RÈGNE** (du) des vrais principes, moyen de les préparer et d'écarter les obstacles qui s'y opposent. Suivi d'une notice de divers ouvrages propres à former l'esprit et le cœur de la jeunesse, par Cardon de Montreuil. In-12.

1261 **REGRETS** et consolations, par M. d'Exauvillez. In- 8. (*L. L.*)

1262 **RELATION** circonstanciée de la campagne de Russie, par E. Labaume. In-8.

1263 **RELATION** de ce qui s'est passé dans les trois voyages que les religieux de l'ordre de la Merci ont fait dans les états du roi de Maroc, pour la rédemption des captifs, en 1704, 1708, 1712. In-12.

1264 **RELATION** de ce qu'ont souffert pour la religion les prêtres français détenus en 1793 et 1795 pour refus de serment, à bord des vaisseaux *les Deux associés* et *le Washington*, dans la rade de l'île d'Aix et aux environs, par Labiche de Reignefort. In-8.

1265 **RELATION** des missions du Paraguay, trad. de l'Italien de Muratori. In-12.

1266 **RELIGION** (de la) catholique considérée comme condition au bonheur des peuples, par M. d'Exauvillez. In-8.

1267 **RELIGION** (la) considérée comme l'unique base du bonheur, par Mme de Genlis. In-12.

1268 **RELIGION** (la) chrétienne démontrée par la conversion et l'apostolat de saint Paul, trad. de l'anglais de Lyttleton par l'abbé Guénée. In-12.

1269 **RELIGION** (la) du cœur exposée dans les sentiments qu'une tendre piété inspire, par le chevalier de la Rivallière-Frauendorf. In-12.

1270 **RELIGION** (la) naturelle révélée, ou Dissertations philosophiques, théologiques et critiques contre les incrédules. 6 vol. in-18.

1271 **RELIGION** (la), poëme, par L. Racine, édition à laquelle on a ajouté *Esther* et *Athalie*. (*Rusand.*) In-18.

1272 **RELIGION** (la) présentée au cœur, par Mlle Brun. In-18. (*G. F.*)

1273 **RELIGION** (la) prouvée par la révolution, par l'abbé Clausel de Montals. In-8.

1274 **RENÉ**, ou la Charité du pauvre récompensée. In-18. (*M. T.*)

1275 **RÉNÉ**, ou la Véritable source du bonheur. In-12 ou in-18. (*L. L.*)

1276 **RÉPONSES** critiques à plusieurs difficultés proposées par les nouveaux incrédules, sur divers endroits des livres saints, par Bullet. 4 vol. in-12.

1277 **RÉPUBLIQUE** (la) des Hébreux, où l'on voit l'origine de ce peuple, ses lois, sa religion, son gouvernement, tant ecclésiastique que politique ; ses cérémonies, ses coutumes, ses progrès, ses révolutions, sa décadence, et enfin sa ruine. 3 vol. in-12.

1278 **RÉSIGNATION**, par M. Sabatier de Castres. In-18. (*G. F.*)

1279 **RÉSUMÉ** d'histoire naturelle: Météorologie ; Minéralogie ; Géologie : Botanique et Zoologie, par N. Meissas. 5 vol. in-12.

1280 **RETOUR** à la foi, trad. de l'espagnol d'Olavidès. In-12. (*L. L.*)

1281 **RETOUR** de l'enfant prodigue, ou Dialogue sur les dispositions convenables pour approcher dignement du sacrement de pénitence. In-18. (*L. L.*)

1282 **RETOUR** des Pyrénées, par l'auteur des *Souvenirs de voyages*, suite du *Voyage aux Pyrénées*. In-12 ou in-18. (*L. L.*)

1283 **RETOUR** (le), en Savoie. In-18. (*L. L.*)

1284 **RETRAITE** spirituelle pour un jour de chaque mois, par le P. Jean Croizet. 2 vol. in-12.

1285 **RICHARD**-Cœur-de-Lion, par J.-B.-J. Champagnac. In-12.

1286 **RICHESSE** et pauvreté, par Mme Vanderburk. In-12.

1287 **ROBERT**, ou le Superstitieux éclairé. In-18. (*L. L.*)

1288 **ROBERTSON** (le) de la jeunesse, ou Histoire de l'Amérique. In-12. (*M. T.*)

1289 **ROBINSON** (le) des Glaces, par Fouinet. In-12.

1290 **ROBINSON** (le) des sables du désert, ou Voyage d'un jeune naufragé sur les côtes et dans l'intérieur de l'Afrique, par C. H. de Mirval. In-12.

1201 **ROBINSON** (le) suisse, ou Histoire d'une famille suisse naufragée, par Johann Rudolphe Wyss. vol. in-12. (*M. T.*)

1292 **ROBINSON** (le) suisse, par Mme de Montaulieu. 3 vol. in-12.

1293 [c]. **ROME** au siècle d'Auguste, ou Voyage d'un Gaulois à Rome, par L.-Ch. Désobry. 4 vol. in-8.

1294 **ROME** chrétienne, ou tableau historique des souvenirs et des monuments chrétiens de Rome, par Eugène de la Gournerie. 2 vol. in-8.

1295 **ROME** et Jérusalem, par d'Avenel. In-8.

1296 **ROME** et Lorette, par l'auteur des *Pèlerinages de Suisse*. In-8 ou 2 vol. in-12. (*M. T.*)

1297 **ROSA**, ou la Piété filiale, suivie de *Natalie*, ou le Dévouement d'une sœur. In-12.

1298 **ROSARIO**, histoire espagnole faisant suite à *Lorenzo* et aux *Solitaires d'Isola Doma*. In-12 ou in-18. (*L. L.*)

1299 **ROSE** et Joséphine, Nouvelle historique, dédiée aux jeunes personnes. In-12. (*M. T.*)

1300 **ROSE** et Lucie, ou Candeur et duplicité. In-18. (*G. F.*)

1301 **ROSELINE**, ou de la Nécessité de la religion dans l'éducation des femmes, par Mme Tarbé des Sablons. In-12.

1302 **ROUTE** (la) du Ciel, ou Pensées pour chaque jour du mois, trad. de l'italien de Saint-Alphonse de Liguori. In-18. (*L. L.*)

1303 **RUDOLPHE**, ou l'Enfant de bénédiction. In-18. (*M. T.*)

1304 **RUINES** (les) morales et intellectuelles, par A. Nettement. In-8.

## S.

1305 **SABINE** et Aurélie, par l'auteur d'*Adhémar de Belcastel*. In-18. (*L. L.*)

1306 **SACRIFICE** de l'autel, ou Instructions sur les cérémonies de la messe solennelle, par M. l'abbé Guillois. In-18. (*L. L.*)

1307 **SAGE** (le) dans la solitude, par l'abbé Pey. In-18.

1308 **SAGESSE** et bonheur, ou le Toit paternel, histoire de trois frères, par J.-B. Champagnac. In-12.

1309 **SALLE** (la) d'asile au bord de la mer, par Ernest Fouinet. In-12. (*M. T.*)

1310 **SARA**, ou les Heureux effets d'une éducation chrétienne, par Mme Tarbé des Sablons. 2 vol. in-12.

1311 **SAINT** (du) et fréquent usage des sacrements de Pénitence et d'Eucharistie, par le R. P. Pallu. In-12.

1312 **SAINT** Ignace de Loyola, fondateur de l'ordre des jésuites, par S. du Terrail. In-12.

1313 **SAINT** Louis, ou la France au XIIIe siècle, par Amand Bièchy. In-8.

1314 **SAINTS** (des) anges, et en particulier des anges gardiens. In-18. (*L. L.*)

1315 **SAINTS** (les) Evangiles traduits en français, avec des notions liturgiques, un commentaire littéral des réflexions pratiques et des prières par M. l'abbé Guillois. In-12.

1316 **SEIZE ANS** sous les Bourbons, par Ed. Mennechet. 2 vol. in-8.

1317 **SELIM**, ou le Pacha de Salonique. In-18. (*L. L.*)

1318 **SENS** (le) propre et littéral des Psaumes de David, exposé brièvement dans une interprétation suivie. In-12.

1319 **SENTIMENT** de Napoléon sur le christianisme, par le chevalier de Beauterne. In-8 et in-12.

1320 **SENTIMENTS** chrétiens. In-18. (*L. L.*)

1321 **SÉPHORA**, ou Rome et Jérusalem, épisode de l'histoire des Juifs, par Adrien Lemercier. In-12 (*M. T.*)

1322 **SÉRAPÉON** (le), épisode de l'histoire du IV^e siècle, par Ch. Brasseur, de Bourbourg. In-8.

1323 **SÉRAPHINE**, ou le Catholicisme dans l'Amérique septentrionale. In-12 et in-18. (*L. L.*)

1324 **SERMONS** de Bossuet. 9 vol. in-12.

1325 **SERMONS** de Massillon, pour l'avent et pour le carême. 5 vol. in-12.

1326 **SERMONS** de M. de Boulogne, évêque de Troyes. 4 vol. in-12.

1327 **SERMONS** du P. Bourdaloue. 22 vol. in-12.

1328 **SERMONS** du P. Elisée. 4 vol. in-12.

1329 **SERMONS** et conférences, prêchés à St-Thomas d'Aquin par M. de Genoude. In-8.

1330 **SERVITEURS** (les) vertueux, ou Vie de la bonne Armelle, servante, et de Jacques Cochois, laquais. In-18. (*L. L.*)

1331 **SILVA**, ou l'Ascendant de la vertu, par l'auteur de *Lorenzo*. In-18. (*L. L.*)

1332 **SIMÉON**, ou le Petit musicien voyageur, par A. E. de Saintes. In-12.

1333 **SIMON** de Nantua, ou le Marchand forain, par Laurent de Jussieu. In-12.

1334 **SIMPLES** récits historiques et moraux pour la jeunesse, par Léon Guérin. In-12.

1335 **SOEURS** (les) jumelles, ou la Vocation. In-18. (*L. L.*)

1336 **SOIRÉES** artésiennes. In-18. (*L. L.*)

1337 **SOIRÉES** (les) de Montlhéry, entretiens sur les origines bibliques, recueillis et publiés par M. Desdouits. In-8.

1338 **SOIRÉES** (les) de St-Pétersbourg, ou Entretiens sur le gouvernement temporel de la Providence, par le comte J. de Maistre. 2 vol in-8.

1339 **SOIRÉES** (les) du grand-papa, par A. E. de Saintes. 2 vol. in-12.

1340 **SOIRÉES** du père de famille, ou la Morale évangélique, par J.-B.-J. Champagnac. In-12.

1341 **SOIRÉES** (les) du presbytère. In-18. (*L. L.*)

1342 **SOIRÉES** d'un observateur, par le baron de Mengin-Fondragon. In-8.

1343 **SOIRÉES** (les) religieuses. 2 vol. in-12.

1344 **SOIRÉES** (les) villageoises, par M. d'Exauvillez. 2 vol. In-18.

1345 **SOLIDE** (de la) dévotion envers la sainte Vierge, par le P. Pallu. In-12.

1346 **SOLILOQUES** (les), manuel et méditations de saint Augustin. In-12.

1347 **SOLITAIRE** (le) du Mont-Carmel, par Adrien Lemercier. In-18. (*M. T.*)

1348 **SOLITAIRES** (les) d'Isola Doma, par l'auteur de *Lorenzo*. In-12 et in-18.

1349 **SOLUTION** de grands problèmes, par l'auteur de *Platon polichinelle*. 2 vol. in-18.

1350 **SOPHIE**, ou les Bienfaits de la providence. In-18. (*M. T.*)

1351 **SOUFFRANCES** et consolations, par l'auteur d'*Eudolie et de Roseline*. In-8.

1352 **SOUFFRANCES** et résignation. In-18. (*L. L.*)

1353 **SOULÈVEMENT** national de l'Arménie chrétienne, ouvrage traduit en français par l'abbé Grégoire Kabaragy Garabed. In-8.

1354 **SOUPIRS**, poésies par Mme Félicie d'Aysac. In-18.

1355 **SOUS** les saules de la prairie, par Mme Delarbre. In-12.

1356 **SOUVENIRS** d'Angleterre et considérations sur l'Église anglicane, par M. l'abbé Robert. In-12 et in-18. (*L. L.*)

1357 **SOUVENIRS** de conférences, prônes et instructions entendus à Ste.-Valère, de 1830 à 1835. 2 vol. in-12.

1358 **SOUVENIRS** d'Italie, par M. le marquis de Beauffort. In-12 et in-1 (*L. L.*)

1359 **SOUVENIRS** de la congrégation de Notre-Dame, ou Vies de plusieurs jeunes élèves de la maison dite des Oiseaux. In-12.

1360 **SOUVENIRS** de l'Orient, par le vicomte de Marcellus. 2 vol. in-8.

1361 **SOUVENIRS** de l'Ouest, par M. Th. Muret. In-12.

1362 **SOUVENIRS** de Tusculum, ou Entretiens philosophiques et religieux de deux amis, par M. l'abbé ***. In-12.

1363 **SOUVENIRS** d'un voyage à Ste.-Hélène, par M. l'abbé Coquereau. In-8.

1364 **SOUVENIRS** d'un voyage dans les Pyrénées. In-12.

1365 **SOUVENIRS** de voyages, ou Lettres d'une voyageuse malade. 2 vol. in-8.

1366 **SOUVENIRS** de voyages, par le comte du Coetlosquet. In-12.

1367 **SOUVENIRS** de voyages : Les bords du Rhin, la Hollande, Anvers, l'Angleterre, par le baron de Mengin-Fondragon. In-8.

1368 **SOUVENIRS** des petits séminaires de St.-Acheul, Montmorillon, etc. In-12.

1369 **SOUVENIRS** d'un voyage dans le Bas-Languedoc, le Comtat et la Provence, par M. de Montrond. In-12.

1370 **SOUVENIRS** d'un voyage solitaire, ou Méditations sur le caractère national des Anglais, leurs mœurs, etc. 2 vol. in-8.

1371 **SOUVENIRS** d'une mère de famille, ou Contes et nouvelles pour servir à l'instruction et à l'amusement de la jeunesse, par Mme Woillez. In-12.

1372 **SOUVENIRS** et impressions de voyage, par le vicomte Walsh. In-8. (*M. T.*)

1373 **SOUVENIRS** et regrets, par Mme Tarbé des Sablons. In-12.

1374 **SPECTACLE** de la nature, ou Entretiens sur les particularités de la nature, par Pluche. 9 vol. in-12.

1375 **SPECTATEUR** (le) français sous la Restauration. 3 vol. in-8.

1376 **STÉPHANE**, par Aimé Zachelli. In-18. (*G. F.*)

1377 **STÉPHANE** et Félicie, ou Considérations sur les sacrements dans leur rapport avec le bonheur de l'homme. In-18. (*L. L.*)

1378 **SUISSE** (la) et le Tyrol, par M. de Golbéry. In-8.

1379 **SUITES** funestes de la lecture des mauvais livres. In-18. (*L. L.*)

1380 **SUZANNE**, ou l'Atelier des orphelines, par l'auteur de *Thérèse*. In-18. (*L. L.*)

1381 **SYLVIE**, ou Vie et correspondance d'une jeune personne, par M. l'abbé Crépon. In-12.

1382 **SYMBOLIQUE** (la), ou Exposition des contrariétés dogmatiques entre les catholiques et les protestants, par Mœlher. 2 vol. in-8.

## T.

1383 **TABLEAU** de la littérature allemande, par Mme Amable Tastu. In-8. (*M. T.*)

1384 **TABLEAU** de la littérature italienne, par Mme Amable Tastu. In-8. (*M. T.*)

1385 **TABLEAU** de la miséricorde divine, tiré de l'Ecriture sainte, ou Motifs de confiance en Dieu; ouvrage posthume de M. Bergier. In-12.

1386 **TABLEAU** de la naissance du protestantisme, tiré de l'*Histoire des variations* de Bossuet. In-18. (*L. L.*)

1387 **TABLEAU** de la nature et des bienfaits de la Providence, par P. Blanchard. In-12.

1388 **TABLEAU** de la société chrétienne au IVe siècle, d'après les Pères de l'Eglise grecque, par J.-L. Génin. In-8.

1389 [c] **TABLEAU** de Paris, historique et pittoresque, depuis les Gaulois jusqu'à nos jours, par J.-B. de Saint-Victor. 8 vol. in-8.

1390 **TABLEAU** des catacombes de Rome, par Raoul-Rochette. In-12.

1391 **TABLEAU** des fêtes de la Reine du Ciel, par L. F. Guérin. In-18.

1392 **TABLEAU** des institutions et des mœurs de l'Eglise au moyen âge, particulièrement au XIII siècle sous le règne du pape Innocent III, par Frédéric Hurter; suite et complément de l'histoire de ce pontife, par le même; trad. de l'allemand par Jean Cohen. 3 vol. in-8.

1393 **TABLEAU** des principales conversions qui ont eu lieu parmi les protestants depuis le XIXe siècle. 2 vol. in-12.

1394 **TABLEAU** historique de la décadence et de la destruction du paganisme en Occident, de Constantin à Charlemagne, par Maxime de Montrond. In-12.

1395 **TABLEAU** poétique des fêtes chrétiennes, par le vicomte Walsh. In-8.

1396 **TANTE** Marguerite, ou Six mois en Normandie, par Mlle Eulalie Benoit. In-18. (*G. F.*)

1397 **TÉMOINS** (les) du Seigneur, par M. l'abbé Lerouge. In-12.

1398 **TENDRESSE** (la) maternelle, par Mme de Sainte-Marie. In-18. (*G.F.*)

1399 **THÉOBALD**, ou l'Enfant charitable. In-18. (*M. T.*)

1400 **THÉODICÉE** chrétienne, ou Comparaison de la notion chrétienne avec la notion rationaliste de Dieu, par H. L. T. Maret. In-8.

1401 **THÉODICÉE** (la), ou le Triomphe du christianisme; poëme en six chants, par N. Rosset. In-12.

1402 **THÉODULE**, ou l'Enfant de bénédiction, par le R. P. Michel-Ange Marin, de l'ordre des minimes. In-18.

1403 **THÉOLOGIE** à l'usage des gens du monde, par Charles Sainte-Foi. In-12.

1404 **THÉOLOGIE** des insectes, ou Démonstration des perfections de Dieu dans tout ce qui concerne les insectes, trad. de l'allemand de M. Lesser avec des remarques de M. P. Lyonnet. 2 vol. in-8.

1405 **THÉOPHILE**, ou la Philosophie du christianisme, par N. Rosset. In-8.

1406 **THÉORIE** du pouvoir politique et religieux dans la société civile, par le vicomte de Bonald. 3 vol. in-8.

1407 **THÉRÈSE** ou la Petite sœur de charité, par A.-E. de Saintes. In-12.

1408 **THOMAS** Morus, lord chancelier d'Angleterre au XVI[e] siècle, par Mme de Craon. 2 vol. in-8.

1409 **TILLEUL** (le), ou l'Oubli des injures. In-18. (*M. T.*)

1410 [c]. **TOSCANE** et Rome, correspondance d'Italie, par M. Poujoulat. In-8.

1411 **TRAITÉ** de la comédie et des spectacles, selon la tradition de l'Église, tiré des conciles et des SS. Pères, par monseigneur le prince de Conti. In-12.

1412 **TRAITÉ** de la communion sous les deux espèces, par Bossuet, In-18.

1413 **TRAITÉ** de l'amour de Dieu, par saint François de Sales. 2 vol. in-12.

1414 **TRAITÉ** de la confiance en de la miséricorde de Dieu, par Languet, évêque de Soissons. In-18.

1415 **TRAITÉ** de Lactance sur la mort des persécuteurs de l'Église. In-12.

1416 **TRAITÉ** de la différence du temps et de l'éternité, par le P. de Nieremberg. In-18.

1417 **TRAITÉ** de la faiblesse de l'esprit humain, par Huet, évêque d'Avranche. In-12.

1418 **TRAITÉ** de la joie de l'âme chrétienne, par le P. Lombez. In-12.

1419 **TRAITÉ** de la lecture chrétienne, par D. Nicolas Jamin. In-12.

1420 **TRAITÉ** de la paix intérieure, par le P. Lombez. In-12.

1421 **TRAITÉ** des études, par Rollin. 6 vol. in-8.

1422 **TRAITÉ** des Indulgences, des Confréries et du Jubilé à l'usage des ecclésiastiques, par monseigneur Bouvier, évêque du Mans. In-12.

1423 **TRAITÉ** du corps et du sang de N.-S., tiré du latin de Ratramne. In-12.

1424 **TRAITÉ** du libre arbitre, par Bossuet. In-12.

1425 **TRAITÉ** historique et dogmatique de la vraie religion, par Bergier. 12 vol. in-12.

1426 **TRAITÉ** sur les miracles. In-12.

1427 **TRAITÉ** sur les moyens de connaître la vérité dans l'Eglise. In-12.

1428 **TRAITS** édifiants, recueillis de l'Histoire ecclésiastique. In-18. (*L. L.*)

1429 **TRAITS** remarquables sous le rapport religieux, recueillis des premières années du XIXe siècle. In-18. (*L. L.*)

1430 **TRAPPISTES** (les), ou l'ordre de Cîteaux au XIXe siècle : Histoire de la Trappe depuis sa fondation jusqu'à nos jours, par M. Casimir Gaillardin. 2 vol. in-8.

1431 **TRAVAIL** et industrie, ou le pouvoir de la volonté, histoires d'artisans, d'artistes et de négociants devenus célèbres, par J. B. J. Champagnac. In-12.

1432 **TRÉSORS** (les) de la grâce, ou Tableau des principaux moyens employés par la divine Providence pour la conversion des âmes. In-18. (*L. L.*)

1433 **TRÉSOR** de l'éloquence, ou Témoignages rendus à la religion et à la morale, par les philosophes, les écrivains, les orateurs et les savants les plus célèbres. 2 vol. in-12.

1434 **TRÉSOR** des familles chrétiennes, par Mme le prince de Beaumont. In-12.

1435 **TRÉSOR** (le) des voyages, ou les petits correspondants, par J.-B.-J. Champagnac. In-12.

1436 **TRÉSOR** (le) du chrétien, ou Principes et sentiments propres à renouveler le christianisme dans les âmes, par l'abbé Champion de Pontalier. 3 vol. in-12.

1437 **TRIOMPHE** de l'amour maternel. In-18.

1438 **TRIOMPHE** de l'humilité, ou Vie du B. Joseph Labre. In-18. (*L. L.*)

1439 **TRIOMPHE** de la piété filiale extrait de la vie du comte Georges de Lesley, publiée en italien, par monseigneur Rinuccini. In-12 et in-18. (*L. L.*)

1440 **TRIOMPHE** (le) de l'Evangile, ou Mémoires d'un homme du monde revenu des erreurs du philosophisme moderne; trad. de l'espagnol, par J.-F.-A. Buynaud des Echelles. 3 vol. in-8.

1441 **TRIOMPHE** du christianisme. 2 vol. in-18.

1442 **TRIOMPHE** du Saint-Siége et de l'Eglise, ou les Novateurs modernes combattus avec leurs propres armes; par Maur-Capellari, actuellement Grégoire XVI, souverain pontife, trad. de l'italien, par M. l'abbé Jammes. 2 vol. in-8.

1443 **TROIS** (les) Conjurations. In-18. (*Biblioth. choisie.* Laurentie.)

1444 **TROIS** (les) Orphelines, par Me Delafaye-Bréhier. In-12.

1445 **TROIS** (les) Sœurs, ou les Effets de l'aveuglement maternel, par Me Foucault. In-12.

## U.

1446 **UN ANGE** de la terre, ou Notice sur la vie et la mort de Jenny Daymé. In-18. (*L. L.*)

1447 **UN ANGE** de plus au paradis. Cris de la terre. Voix du ciel. In-18.

1448 **UN HIVER** au coin du feu, ou les Soirées de la villa, ouvrage dédié à la jeunesse des deux sexes, par J.-B.-J. Champagnac. In-8.

1449 **UN MARTYR**, ou le Sacerdoce catholique à la Chine, poëme en cinq chants, tiré des annales des missions étrangères, par l'abbé Aubert. In-16.

1450 **UN MOT** d'un catholique sur quelques travaux protestants, par M. Franz de Champagny. In-12.

1451 **UN PÈLERINAGE**, ou Elisa Belmon, par M. l'abbé Mounaix. In-18. (*G. F.*)

1452 **UN TOUR** dans les prairies à l'ouest des États-Unis, traduit de l'anglais de Washington-Irwing, par Ernest W***. In-12.

1453 **UNE COLONIE** chrétienne, par Sabatier de Castres. 2 vol. in-12.

1454 **UNE ENFANT** de Marie, ou Notice sur la vie et la mort de Mlle ***. In-18. (*L. L.*)

1455 **UNE FAMILLE** française chez les Iroquois. In-18. (*L. L.*)

1456 **UNE PAROISSE** vendéenne sous la terreur, par le comte de Quatrebarbes. In-12.

1457 **UNE VERTU** par histoire, par Mme Th. Midy. In-12.

1458 **USAGE** (de l') et de l'abus de l'esprit philosophique durant le XVIIIe siècle, par J.-E. Portalis. 2 vol. in-8.

## V.

1459 **VACANCES** (les), ou Lettres de quelques jeunes personnes. In-18. (*L. L.*)

1460 **VALENTIN**, ou le Jeune menuisier faisant son tour de France. In-18. (*L. L.*)

1461 **VALENTINE**, ou l'Ascendant de la vertu. In-18. (*G. F.*)

1462 **VALLÉE** d'Alméria. In-18. (*M. T.*)

1463 **VANDALISME** (du) et du catholicisme dans l'art, par le comte de Montalembert. In-8.

1464 **VARIÉTÉS** d'un philosophe provincial. In-12.

1465 **VARIÉTÉS** instructives et morales. In-18. (*L. L.*)

1466 **VEILLÉES** (les) amusantes. In-18. (*L. L.*)

1467 **VEILLÉES** du village, ou Dialogues sur divers sujets. In-18. (*L. L.*)

1468 **VEILLÉES** (les) d'une mère de famille, six nouvelles par Mme Manceau. In-12.

1469 **VEILLÉES** (les) Gauloises, ou derniers efforts des Gaulois devant Alise, contre l'invasion romaine, par J.-L. Vincent. In-18. (*G. F.*)

1470 **VENDÉE** (la) et Madame, par le général Dermoncourt. In-8.

1471 **VENGEANCE** et pardon, par Aimé Zachelli. In-18. (*G. F.*)

1472 **VÊPRES** (les) siciliennes, ou Histoire de l'Italie au XIIIe siècle, par H. Possieu et J. Chantrel. In-8.

1473 **VERGER** (le) des écoliers, histoire intéressante et morale à l'usage de la jeunesse, par Mme J. Delafaye-Bréhier. In-12.

1474 **VÉRITABLE** (la) sagesse, ou les Sept dons du St-Esprit. In-18. (*L. L.*)

1475 **VÉRITÉ** catholique, ou Vues générales de la religion, par M. Nault. In-12.

1476 **VÉRITÉ** de la religion chrétienne et l'art de se connaître soi-même, par Abbadie. 3 vol. in-12.

1477 **VÉRITÉ** (la) sur le cardinal Fesch, ou Réflexions d'un ancien vicaire général de Lyon, sur l'histoire de Son Eminence, par l'abbé Lyonnet. In-8.

1478 **VÉRITÉS** (les) de la foi, mises à la portée de tous les fidèles. In-18. (*L. L.*)

1479 **VERTU** (la) en exemples, par le comte de Ségur et la baronne de Norew. In-12.

1480 **VERTU** (la) parée de tous ses charmes, ou Traité sur la douceur, par l'abbé Carron. In-18.

1481 **VERTUS** (les) de Marie, suivis de traits signalés de la protection et de la miséricorde de Marie, par saint Liguori. In-18.

1482 **VERTUS** et bienfaits du clergé de France. In-18. (*L. L.*)

1483 **VÉTÉRANS** (les), scènes armoricaines. In-18. (*G. F.*)

1484 **VICTORINE** et Eugénie, ou Politesse et Charité. In-18. (*L. L.*)

1485 **VIE** d'Alfred-le-Grand, par le comte de Stolberg. In-18.

1486 **VIE** d'Armelle Nicolas, ou le Règne de l'amour de Dieu, par M. l'abbé C. J. Busson. In-12.

1487 **VIE** de Buffon, par A. de Chesnel. In-12.

1488 **VIE** de Calixte frère, mort au séminaire de St-Sulpice. In-18.

1489 **VIE** de Charlemagne, par Théodore Nisard. In-12.

1490 **VIE** de don Augustin de Lestrange, abbé de la Trappe. In-12.

1491 **VIE** de don Barthélemy des martyrs, évêque de Prague, traduit de l'espagnol, par le Maistre de Sacy. In-12.

1492 **VIE** de François Philibert, dit Lafeuillade, soldat au régiment du Vexin. In-18. (*L. L.*)

1493 **VIE** de Jean Gerson, chancelier de N.-D. et de l'Université de Paris, par R. Thomassy. In-12.

1494 **VIE** de Jeanne d'Arc, par M^lle^ Celliez. In-18. (*G. F.*)

1495 **VIE** de Jésus-Christ dans l'Eucharistie, par Gérard de Villethierry. In-12.

1496 **VIE** de Louis XVII. In-18. (*L. L.*)

1497 **VIE** de Louis XVIII, par Alphonse de Beauchamp. In-8.

1498 **VIE** (abrégé de la) de Louis Stéfanelli. In-12.

1499 **VIE** de M^me^ de Maintenon, par Caraccioli. 2 vol. in-12.

1500 **VIE** de M^me^ de Miramion. 2 vol. in-12.

1501 **VIE** de M^me^ Isabelle, sœur de saint Louis, fondatrice de l'abbaye de Longchamps, par Daniélo. In-12.

1502 **VIE** de M^me^ la duchesse de Montmorency, supérieure de la Visitation de Moulins. In-12.

1503 **VIE** de M^me^ Louise de France. In-12.

1504 **VIE** de M^me^ Maës, née Taffin du Hocquet, nommée en religion sœur Françoise de Saint-Omer, fondatrice de la réforme des religieuses de la pénitence, dites capucines, par M. l'abbé Parenty. In-18. (*L. L.*)

1505 **VIE** de M^me^ Rivier, fondatrice et première supérieure de la congrégation des sœurs de la présentation de Marie, par l'auteur de la Vie du cardinal de Cheverus. In-12.

1506 **VIE** de M^lle^ de Melun, princesse d'Epinoy, fondatrice de plusieurs hôpitaux, suivie des pensées consolantes propres à tranquilliser et à diriger les âmes troublées et affligées. In-12.

1507 **VIE** de Marie Clotilde-Xavier de France. In-8.

1508 **VIE** de Marie Leickzinska, par l'abbé Proyart. In-12.

1509 **VIE** de Marie-Thérèse de France, fille de Louis XVI, par Alfred Nettement. In-8.

1510 **VIE** de Monseigneur Borie, vicaire apostolique du Tong-King, martyr dans la persécution suscitée, le 3 janvier 1833, par un prêtre du diocèse de Tulle. In-12.

1511 **VIE** de Monseigneur de Quélen, par M. d'Exauvillez. 2 vol. in-8.

1512 *La même, abrégée.* In-18.

1513 **VIE** de M. Fougeroux (François-Xavier), membre de plusieurs sociétés charitables, par M. Gossin. In-18. (*G. F.*)

1514 **VIE** de M. Frayssinous, évêque d'Hermopolis, etc., par le baron Henrion. 2 vol. in-8.

1515 **VIE** de M. Olier, fondateur du séminaire de Saint-Sulpice, accompagnée de notices sur un grand nombre de personnages contemporains. 2 vol. in-8.

1516 *La même, abrégée.* In 12.

1517 **VIE** de M. de Lamotte, évêque d'Amiens, par l'abbé Proyart. In-12.

1518 **VIE** de M. de Lantage, catéchiste de Saint-Sulpice, puis supérieur du séminaire du Puy. In-18.

1519 **VIE** de M. de La Salle, instituteur des Frères de la doctrine chrétienne. In-18. (*L. L.*)

1520 **VIE** de M. de Renty ou le Modèle du parfait chrétien. In-18. (*L. L.*)

1521 **VIE** de N. S. J.-C. ou Concorde des quatre Evangélistes ; traduction du texte sacré avec des notes littérales pour en faciliter l'intelligence, à l'usage des familles chrétiennes, par M. l'abbé Arnault. In-12. (*M. T.*)

1522 **VIE** d'Olivier IV de Clisson, par Me de Clisson. In-12.

1523 **VIE** de P. d'Aubusson, par le P. Bouhours. 2 vol. in-12.

1524 **VIE** de saint Augustin. In-18. (*L. L.*)

1525 **VIE** de saint Bernard. In-18. (*G. F.*)

1526 **VIE** de saint Bruno, instituteur de l'Ordre des Chartreux, par Ducreux. In-12.

1527 **VIE** de saint Charles Borromée, traduite de l'italien de Giussano. 2 vol. in-8.

1528 **VIE** de saint Dominique, par le R. P. Lacordaire. In-8.

1529 **VIE** de saint François d'Assise, instituteur de l'Ordre des Frères mineurs, par le P. Chalippe. 3 vol. in-12.

1530 **VIE** de saint François de Borgia. 2 vol. in-12.

1531 **VIE** de saint François de Sales, par Marsollier. 2 vol. in-12.

1532 *La même, abrégée.* In-18. (*L. L.*)

1533 **VIE** de saint François-Xavier, apôtre des Indes, par le P. Bouhours. 2 vol. in-12.

1534 *La même, abrégée.* In-12.

1535 **VIE** de saint Grégoire de Nazianze, archevêque de Constantinople, extraite de ses œuvres, par J. B. Bauduer. In-8.

1536 **VIE** de saint Ignace de Loyola, par P. le Bouhours. In-12.

1537 **VIE** de saint Jean de la Croix. In-12.

1538 **VIE** de saint Jean-François Régis. In-12.

1539 **VIE** de saint Joseph, l'époux de la divine Marie, par l'abbé P***, vicaire-général d'Evreux. In-12.

1540 **VIE** de saint Louis de Gonzague, par le P. Cepari, suivi de la vie du bienheureux Stanislas Kostka, par le P. d'Orléans. In-12.

1541 **VIE** de saint Stanislas Kostka, lettre d'un frère à ses sœurs, par A. de Blanche. In-12.

1542 **VIE** de saint Thomas d'Aquin, docteur de l'Église, avec un exposé de sa doctrine et de ses ouvrages, par le R. P. Touron. In-4.

1543 **VIE** de saint Vincent de Paul, par Abelly. 5 vol. in-12.

1544 *La même,* abrégée de celle de Collet. In-12.

1545 **VIE** de sainte Adélaïde, impératrice d'Allemagne. In-18. (*G. F.*)

1546 **VIE** de sainte Angèle de Foligno, par le frère Armand, religieux de l'ordre de Saint-François. In-12.

1547 **VIE** de sainte Catherine de Bologne, par le P. Crasset, traduite du latin par l'abbé P***, vicaire-général d'Evreux. In-12.

1548 **VIE** de sainte Catherine de Gênes, traduite du latin des Bollandistes, par l'abbé P***, vicaire-général d'Evreux. In-12.

1549 **VIE** de sainte Catherine de Sienne, traduite de l'italien, par Alibert. In-12.

1550 *La même, abrégée.* In-18. (*L. L.*)

1551 **VIE** de sainte Colette, réformatrice de l'ordre de Ste.-Claire, faite sur les manuscrits de l'abbé de St.-Laurent, suivie de la relation et de la translation des reliques de la sainte, en 1783. In-12.

1552 **VIE** de sainte Françoise Romaine, fondatrice des oblates de la tour des Miroirs. 2 vol. in-12.

1553 **VIE** de sainte Geneviève, par Mlle Brun. In-18. (*G. F.*)

1554 **VIE** de sainte Thérèse, par J.-B.-A. Boucher. 2 vol. in-8.

1555 **VIE** de sainte Zite, servante de Lucques, au XIIIe siècle, par le baron de Montreuil. In-8.

1556 *La même, abrégée.* In-18.

1557 **VIE** de Suger, par A. Nettement. In-12.

1558 **VIE** de Victorine de Gallard Terraube. In-12.

1559 **VIE** de Voltaire, par Lepan. In-12.

1560 **VIE** de Zumalacarregui, duc de la Victoire, capitaine-général de l'armée de Charles V, par le général D.-J.-A. Zaratiegui, traduite par Alexandre Hournon. In-8.

1561 **VIE** de la bienheureuse d'Amboise, duchesse de Bretagne. In-18. (*L. L.*)

1562 **VIE** de la bienheureuse Lidwine, par le P. Jean Bruchman, traduite des *Actes des saints*. In-12.

1563 **VIE** de la bienheureuse mère de Chantal, par l'abbé Marsollier. 2 vol. in-12.

1564 **VIE** de la mère de Chaugy, religieuse de la Visitation d'Annecy. 2 vol. In-12.

1565 **VIE** de la princesse Borghèse, née Guendaline Talbot, comtesse de Shrewsbury, par A. Zéloni. In-12.

1566 **VIE** de la princesse de Bourbon-Condé, première supérieure et fondatrice du monastère du Temple. 3 vol. in-8.

1567 **VIE** de la vénérable Louise de Marillac (Mme Legras). In-12. (*M. T.*)

1568 **VIE** de l'abbé de Rancé, par Marsollier. 2 vol. in-12.

1569 **VIE** de l'empereur Julien, par l'abbé de la Blettrie. In-12.

1570 **VIE** du B. Pierre Fourrier. In-12.

1571 **VIE** du cardinal de Cheverus, archevêque de Bordeaux, par Huen-Dubourg. In-8.

1572 **VIE** du cardinal d'Ossat. 2 vol. in-8.

1573 **VIE** du cardinal Ximenès, régent d'Espagne. In-12. (*M. T.*)

1574 **VIE** du dauphin, père de Louis XVI. In-12.

1575 **VIE** du jeune Henri Comarmond, étudiant au séminaire de Viviers, par M. d'Exauvillez. In-18. (*G. F.*)

1576 **VIE** du P. Balthasar-Alvarez, par le P. Louis Dupont. 2 vol. in-12.

1577 **VIE** du P. Claver, apôtre de Carthagène et des Indes-Occidentales, par le P. Fleuriau. 2 vol. in-18.

1578 **VIE** du R. P. Antoine (G. N. C. Saulnier de Beauregard) abbé de la Trappe de Melleraye, par deux de ses amis. In-8.

1579 **VIE** du R. P. Étienne (P. F. Malmy) fondateur et abbé de la Trappe d'Aiguebelle, par M. Casimir Gaillardin. In-12.

1580 **VIE** du vénérable serviteur de Dieu, Louis-Marie Grignon de Montfort. In-18. (*L. L.*) In-12.

1581 **VIE** (la) d'un prêtre, par Loyau d'Amboise. In-12.

1582 **VIE** pratique de saint Alphonse de Liguori, modèle de tous les âges et de toutes les conditions, par P. Gillet, prêtre. In-12. (*L. L.*)

1583 **VIE** pratique de saint Louis de Gonzague, par P. Gillet, prêtre. In-12. ou in-18. (*L. L.*)

1584 **VIE** spirituelle de la bienheureuse Batiste Varani, religieuse de l'ordre de Sainte-Claire. In-12.

1585 **VIEILLARD** catholique, par M. Maupris, curé de Chevrillon. In-12.

1586 **VIERGE** (la) chrétienne ou conseils et exemples adressés aux jeunes personnes qui vivent dans le monde. In-18. (*G. F.*)

1587 **VIERGE** (la) et les saints en Italie, étude et récits d'un Pèlerin, par Max. de Montrond. In-8.

1588 **VIES** choisies des Pères du désert. 2 vol. in-12.

1589 **VIES** de plusieurs saints illustres de divers siècles. In-8.

1590 **VIES** des bienfaiteurs de l'humanité, par N. A. de Beaufort. In-8.

1591 **VIES** des dames françaises les plus célèbres par leur piété et leur charité. In-12.

1592 **VIES** des grands capitaines français, par Mazas. 4 vol. in-8.

1593 **VIES** des justes dans la profession des armes, par l'abbé Carron. In-12.

1594 **VIES** des justes dans l'état du mariage, par le même. 2 vol. in-12.

1595 **VIES** des justes dans les conditions ordinaires, par le même. In-12.

1596 **VIES** des justes dans les plus hauts rangs de la société, par le même. 4 vol. in-12.

1597 **VIES** des justes dans les plus humbles conditions, par le même. In-12.

1598 **VIES** des justes parmi les filles chrétiennes, par le même. In-12.

1599 **VIES** des nouveaux justes dans les conditions ordinaires, par le même. In-12.

1600 **VIES** des Pères des déserts d'Orient, avec leur doctrine spirituelle et leur discipline monastique, par le P. Marin. 9 vol. in-8 ou in-12.

1601 **VIES** des pères, des martyrs et principaux saints, trad. de l'anglais d'Alban-Butter, par Godescard. 20 vol. in-12.

1602 **VIES** abrégées des Pères du désert. 2 vol. in-12.

1603 **VIES** des Saints de Bretagne et des personnes d'une éminente piété, par M. l'abbé Tresvaux. 5 vol. in-8.

1604 **VIES** des saints militaires, ouvriers, servantes,.... traduites de l'allemand. In-12.

1605 **VIEUX** (le) de la montagne, ou le Retour du comte de Wallstein à la vertu. In-18. (*G. F.*)

1606 **VICTORIA** Accoramboni, notice sur Sixte V. In-12.

1607 **VIRGINIE** ou la Vierge chrétienne, histoire sicilienne pour servir de modèle aux jeunes personnes qui aspirent à la perfection, par le P. Marin. 2 vol. in-12.

1608 **VISNELDA**, ou le Christianisme dans les Gaules. In-12 et in-18. (*L. L.*)

1609 **VOIX** (les) d'en haut, ou le Ciel et ses astres considérés par un chrétien. In-18.

1610 **VOLTAIRE**, apologiste de la religion, par Mérault. In-8.

1611 **VOYAGE** à Hippone, au commencement du $v^e$ siècle, par un ami de saint Augustin. In-12 et in-18. (*L. L.*)

1612 **VOYAGE** à le Grande-Chartreuse, par Dupré-Deloire. In-12.

1613 **VOYAGE** à Saint-Pétersbourg, par l'abbé Georgel. In-8.

1614 **VOYAGE** au Spitzberg et à la Nouvelle-Zemble, trad. de l'allemand de Campe. In-12.

1615 **VOYAGE** aux Alpes maritimes, ou Histoire naturelle, civile et médicale du comté de Nice, par Fodéré. 2 vol. in-8.

1616 **VOYAGE** aux Pyrénées et fragments de l'ouvrage intitulé : *De la Loire aux Pyrénées*. In-12 et in-18. (*L. L.*)

1617 [c]. **VOYAGE** dans le Levant en 1817-1818, par le comte de Forbin. In-8.

1618 **VOYAGE** dans l'Italie méridionale, par M. J.-E. Fulchiron. 4 vol. in-8.

1619 **VOYAGE** dans la Vendée et dans le Midi de la France, par M.-E. de Genoude. In-8.

1620 **VOYAGE** de la Trappe à Rome, par le R. P. Marie-Joseph de Géramb. In-8.

1621 **VOYAGE** de Sophie et d'Eulalie au Palais du vrai bonheur. In-12.

1622 [c]. **VOYAGE** du maréchal duc de Raguse en Hongrie, en Transylvanie, etc. 5 vol. in-8.

1623 **VOYAGE** en Italie, par de Lalande. 8 vol. in-8.

1624 **VOYAGE** en Italie, par M.-T. Delacroix. In-18. (*G. F.*)

1625 **VOYAGE** en Orient, par de Laroière. In-8.

1626 **VOYAGE** en Pologne, en Russie, en Danemark et en Suisse, par W. Coxe. 4 vol. in-8. (*R.*)

1627 **VOYAGE** en Sicile et à Malte, trad. de Campe. In-12. (*M. T.*)

1628 **VOYAGE** pour la rédemption des captifs aux royaumes d'Alger et de Tunis, fait en 1720, par les pères de la Trinité. In-12.

1629 **VOYAGE** sur la Mer du monde. In-12 et in-18. (*L. L.*)

1630 **VOYAGE** (nouveau) topographique, historique, politique et moral. par le baron de Mengin-Fondragon. 5 vol. in-8.

1631 **VOYAGES** (abrégé des) au Pôle-Nord, depuis Nicolo-Zéno jusqu'au capitaine Ross, par Henri Lebrun. In-12. (*M. T.*)

1632 **VOYAGES** dans l'Asie méridionale depuis les temps les plus reculés jusqu'à nos jours, par E. Garnier. In-12. (*M. T.*)

1633 **VOYAGES** (les) de Cyrus, par Ramsay. In-12.

1634 **VOYAGES** de Gulliver dans des contrées lointaines, par Swift. Nouvelle édition *revue, corrigée*, et revêtue de l'approbation de M. l'abbé Lejeune. In-12.

1635 **VOYAGES** (les) de Jésus-Christ, ou Description des principaux lieux de la Terre sainte. In-8.

1636 **VOYAGES** de Polyclète, ou Lettres romaines, par le baron Alex. de Théis. 2 vol. in-8.

1637 **VOYAGES** d'un jeune Irlandais à la recherche d'une religion. In-8.

1638 **VOYAGES** du P. Labat, en Espagne et en Italie, de 1705 à 1720. 8 vol. in-12.

1639 **VOYAGES** en Abyssinie et en Nubie, recueillis et mis en ordre, par Henri Lebrun. In-12. (*M. T.*)

1640 **VOYAGES** en Perse, en Arménie, etc., par Henri Garnier. In-12. (*M. T.*)

1641 **VOYAGES** et aventures de Christophe Colomb. In-12. (*M. T.*)

1642 **VOYAGES** et aventures de La Peyrouse, par Valentin. In-12. (*M. T.*

1643 **VOYAGES** et aventures du capitaine Cook. In-12. (*M. T.*)

1644 **VOYAGES** et découvertes dans l'Afrique centrale et septentrionale, par Henri Lebrun. In-12. (*M. T.*)

1645 **VOYAGES** et découvertes des compagnons de Colomb, par Henri Lebrun. In-12. (*M. T.*)

1646 **VOYAGEUR** à la Terre sainte, par l'abbé Rouvier. In-12.

1647 **VRAI** (le) pénitent formé sur le modèle de David, ou motifs et moyens de conversion. In-12.

1648 **VRAIS** principes de l'Eglise gallicane sur la puissance ecclésiastique, la papauté, les libertés gallicanes la promotion des évêques, les trois concordats et les appels comme d'abus, par monseigneur D. Frayssinous, évêque d'Hermopolis. In-8.

1649 **WILFRID** ou la prière d'une mère, par Adrien Lemercier. In-18. (*M. T.*)

1650 **WILHEM** ou le Pardon du chrétien. In-18. (*L. L.*)

1651 **YOULOFIS** (les). Histoire d'un prêtre et d'un militaire français chez des nègres d'Afrique, par M. de Préo. In-12. (*L. L.*)

---

## OUVRAGES ACQUIS PENDANT L'IMPRESSION DU CATALOGUE.

1652 **ÉCOLE** (l') de la piété filiale, ou la Religion, et la nature et l'exemple enseignant à l'homme ses devoirs envers les auteurs de ses jours, par A. Vallos. In-12.

1653 **ÉPOUSE** (l') parfaite, par frère Louis de Léon, traduite de l'espagnol par Ch. Guignard. In-18.

1654 **HISTOIRE** de la vie, des ouvrages et des doctrines de Calvin, par M. Audin, *édition abrégée*. In-12.

1655 **HISTOIRE** de la vie, des ouvrages et des doctrines de Luther, par M. Audin, *édition abrégée*. In-12.

1656 **HISTOIRE** universelle de l'Eglise, par Jean Alzog, traduit de l'allemand par Isidore Goschler et Charles-Félix Audley. 3 vol. in-12.

1657 **JULIEN** Morel, ou l'Aîné de la famille, par Mme Camille-Lebrun, In-12.

1658 **LÉGENDES** des commandements de Dieu, par J. Collin de Plancy. In-8.

1659 **LÉGENDES** des douze convives du chanoine de Tours, par J. Collin de Plancy. In-8.

1660 **LÉGENDES** des sept péchés capitaux, par J. Collin de Plancy. In-8.

1661 **VOYAGES** aux Montagnes Rocheuses, et une année de séjour chez les tribus indiennes de l'Orégon, par le R. P. Pierre de Smet. In-12.

# CATALOGUE MÉTHODIQUE.

## OBSERVATIONS PRÉLIMINAIRES.

Un classement méthodique des œuvres littéraires offre toujours des difficultés sérieuses, et ne saurait, en aucun cas, être absolu, parce qu'un même ouvrage convient souvent à plusieurs ordres de lecteurs à la fois; il peut également être divisé en un plus ou moins grand nombre de catégories diverses. Ces divisions sont néanmoins fort avantageuses pour les lecteurs en leur donnant la facilité de choisir avec plus de discernement les lectures qui leur conviennent mieux; elles sont avantageuses pour les personnes qui ont à diriger les lectures des autres, pour ceux qui veulent établir des œuvres de bons livres, des bibliothèques paroissiales, pour les pères et mères, pour les chefs d'institution. Aussi n'avons-nous pas hésité à joindre un classement méthodique à notre catalogue alphabétique, nous efforçant de vaincre les difficultés de ce travail, de le rendre aussi exact, aussi complet, aussi utile que possible. C'est dans ce but que nous avons multiplié les divisions; mais il ne faut pas oublier que l'une n'exclut pas l'autre, et qu'il est au contraire nécessaire de recourir de l'une à l'autre. Ainsi, par exemple, nous n'indiquons qu'un assez petit nombre d'ouvrages dans la catégorie de ceux qui nous semblent propres aux jeunes gens; c'est que nous devions y faire entrer seulement les livres qui s'adressent plus particulièrement à cette classe de lecteurs; mais ces mêmes jeunes gens trouveront dans les livres d'agrément pour tous les âges, d'instruction religieuse, de polémique, d'histoire, de littérature, de science, etc., un choix de lectures nombreuses, variées et utiles. Il faut en dire autant des ouvriers, des domestiques, des habitants des campagnes auxquels conviennent parfaitement un grand nombre de livres de morale, de morale en histoire, de piété, de vies particulières de saints ou de pieux personnages, etc. Si on voulait s'astreindre à indiquer rigoureusement dans chaque classe les livres qui peuvent lui convenir, on tomberait nécessairement dans des répétitions multipliées et plus souvent propres à occasionner de la confusion. L'intelligence des lecteurs ou de ceux qui les dirigent doit faire ce discernement sans trop de difficulté, et pour les y aider encore nous placerons aux diverses catégories, autant que nous le croirons nécessaire, des explications et des renvois. Si nous n'avons pas complétement réussi, on voudra bien, du moins, nous tenir compte de notre bonne volonté, et des soins que nous avons mis à ce travail.

On doit se souvenir que, pour ne pas trop grossir le catalogue en répétant les titres des ouvrages, nous les indiquons seulement par leurs numéros d'ordre qui rendront les recherches très-faciles et notre classement tout aussi utile.

Il faut faire attention que, quand deux numéros se trouvent réunis par un trait, cela veut dire que les numéros intermédiaires appartiennent à la même catégorie. Ainsi, par exemple : 15—18, c'est-à-dire de 15 à 18, comme s'il y avait 15, 16, 17, 18.

---

## SECTION PREMIÈRE.

**Écriture sainte et ouvrages qui s'y rapportent.**

135 136 472 475 480 936 1153 1233—1235 1253 1315 1318.

## SECTION II.

**Saints Pères.**

82 137 788 904 908 1112 1117 1119 1120 1415

## SECTION III.

**Instruction religieuse.**

*Première division :*

Pour les personnes plus graves et d'une instruction plus élevée. Les ouvrages de cette première division ne sont pas si exclusivement propres aux personnes désignées qu'un bon nombre ne puissent être lus utilement par les lecteurs de la seconde division, et réciproquement.

30 45 124 206 208 209 236 292 332 417 436 456 478 512 515 823 824 827 971 1035 1166 —1109 1222 1229 1311 1327 1329 1345 1357 1403 1412 1422 1423 1436 1476.

*Deuxième division :*

Pour les personnes d'une instruction plus ordinaire.

183 191 203 206 208 328 333 334 349 402 417 436 512 539 814 827 828 870 888 912 954 960 963 974 1067 1100 1101 1163 1196 1216 1217 1269 1272 1281 1306 1343 1344 1377 1434 1478 1481.

## SECTION IV.

### Piété.

*Première division:*

Pour les personnes plus difficiles et plus instruites. Parmi les livres de cette division plusieurs seront lus utilement par les lecteurs de la seconde et réciproquement.

51 169 196 205 209 221 229 232—234 241 250
254 260 326 378 421 422 424 426 427 464 476
506 507 516 537 792 812 826 829 831 892 905
907 909 913 918—921 961 962 979 983 992 1083
1096 1103 1106—1109 1118 1123 1157 1162 1201 1208
1209 1227 1234 1255 1259 1284 1346 1413 1414
1418 1420 1495 1600.

*Deuxième division:*

Pour les personnes d'une instruction ordinaire.

32 33 35—43 123 260 425 813 906 1160
1302 1314 1320 1432 1474 1647.

## SECTION V.

### Polémique religieuse et philosophique; controverse.

*Première division:*

Pour les personnes graves, instruites et d'un goût plus difficile. Parmi les ouvrages de cette division seront lus utilement par plusieurs des lecteurs de la seconde division, et réciproquement.

65 81 83 85 86 99 110 111 120 168 171 177 184
224—228 231 236 251 269 290 292 293 299 302 321
331 339—347 350 375 376 403 416 433 439—441 446
456 459 466 470 477 513 535 538 551 557 575
686 687 692 818 822 846 854 896 897 902 910
924—928 985—989 999 1014 1020 1097 1106 1108
1110 1111 1121 1134—1138 1161 1164 1168 1190 1191
1206 1213 1214 1230 1231 1238 1243 1244 1251 1258
1266—1268 1270 1273 1276 1304 1319 1330 1337 1338
1349 1362 1375 1382 1400 1405 1406 1425—1427 1440
1442 1450 1464 1610 1637 1648.

*Deuxième division :*

Pour les personnes d'une instruction ordinaire.

27 85 86 149 150 171 184 251 287 302 308 348 353 374 837 845 856 911 1041 1042 1074 1102 1188 1200 1215 1342 1356 1441 1475 1585 1611.

## SECTION VI.

**Philosophie.**

65 237 240 249 253 288 435 451 547 695 700 819 832 900 990 1110 1111 1158 1189.

Cette catégorie se complète par un bon nombre des ouvrages de la précédente et réciproquement.

## SECTION VII.

**Morale.**

*Première division:*

Mêmes observations qu'aux sections III, IV et V.

91 92 112 164 185 248 336 455 463 565 571 930 978 1071 1232 1385 1411 1416 1417 1419 1480.

*Deuxième division :*

102 267 270 272 328 355 463 552 571 899 1092 1307 1379 1621 1629.

## SECTION VIII.

**Morale historique, ou livres d'imagination contenant une instruction ou une moralité.**

*Première division :*

Dans cette première division sont indiqués les ouvrages qui offrent plus d'intérêt, qui ont plus de mérite de composition et de style. Ces lectures conviennent surtout à la jeunesse, aux personnes qui veulent se distraire. Dans la seconde division on trouvera aussi un assez bon nombre de livres qui, quoique inférieurs à certains égards, ne sont pas cependant dépourvus d'intérêt et d'agrément; ils peuvent compléter les sections XVII, XX et XXI.

13 20 31 44 89 107 130 186 210 216 217 219 220 295 312 314 316 320 351 364 387 388 390 392 393 461 498 504 518 520 528 529 540 548 786 791 884 885 949 965 966 968 1043 1081 1094 1131 1133 1146 1149 1186 1197 1236 1247 1275 1396 1448 1455 1461 1657.

*Deuxième division :*

Les livres indiqués dans cette division conviennent plus généralement aux personnes moins difficiles, à la classe ouvrière, aux habitants des campagnes : ils peuvent aussi compléter la section XIX, suivant l'âge et l'instruction des enfants.

10 23 29 58 61 63 72 106 114 140 151 155 172 175 176 187 188 189 190 197 199 263 297 301 313 314 315 351 352 356—358 367 368 369 371 372 381 382 389 391 394 409 414 415 418 467 486—500 502—505 510 511 517 519 522—524 526 527 531 542—544 549 550 564 569 570 614 784 785 789 821 830 835 839 841 842 844 849 859 871 875 882 883 935 940 955 964 967 969 975 976 1066 1078 1080 1098 1099 1124 1127 1132 1142 1143 1147 1148 1151 1181 1182 1192 1193 1199 1207 1218 1225 1239—1241 1274 1283 1285—1287 1297—1300 1305 1308 1309 1317 1321 1323 1331—1335 1339—1341 1347 1348 1350 1355 1376 1407 1409 1444 1457 1462 1465 1466 1468 1471 1473 1479 1484 1605 1607 1649—1651.

## SECTION IX.

### Histoire religieuse.

*Première division.*

Elle comprend les ouvrages généralement plus sérieux, mieux écrits, et qui conviennent par conséquent à une classe de lecteurs plus instruits, quoique un bon nombre puisse être lu avec fruit par les lecteurs de la seconde division.

6 7 66 70 74 75 165 215 217 257 281 373 431 432 453 479 557 561 562 576 577 584 605 616 626 627 629 635 638 642—644 649 656 675 677—679 686 693 696 697 704 707 710 711 714 715 719 729 730 743 748 749 750 759—762 765 766 767 769 778 782 894 914 915 1002 1009 1016 1022 1030 1075 1087 1129 1169 1195 1264 1277 1294 1312 1392 1430 1472 1491 1500—1503 1506—1508 1510 1511 1514 1515 1526—1539 1542 1543 1545—1549 1552 1554 1555 1556—1566 1568 1570—1572 1576—1579 1600 1601 1603 1654—1656.

*Deuxième division.*

On doit appliquer ici les observations qui ont été faites à la seconde division de la section précédente.

100 141 142 217 277 585 606 636 639—641 645—648 651—655 667 676 693 696 697 698 701 703

706 708 716 718 720 725 733—735 737 741 745 749 754 763 764 768 807 852 977 1063 1065 1072 1073 1077 1249 1250 1265 1359 1368 1386 1393 1394 1397 1428 1429 1438 1446 1454 1482 1490 1504 1512 1513 1517 1519 1520 1524 1525 1534 1540 1541 1544 1550 1553 1561 1567 1573—1575 1580 1582 1583.

## SECTION X.

**Histoires anciennes et générales.**

178 337 471 572 573 673 681 709 724 755 758 773 779—781 783 886 1025 1060 1211 1293 1295 1636.

## SECTION XI.

**Histoire de France, et ouvrages qui s'y rattachent.**

59 76 156 161 163 165 213 214 278 360 361 385 386 396 420 430 432 445 450 457 479 514 536 563 579 583 587 588 592 595 599—604 609—613 618—625 665 666 668 669 680 683 688 694 699 712 713 717 722 723 726 727 740 746 748 749 752 753 793 805 806 809 847 848 878 880 893 931 932 941—943 945 996—998 1000 1001 1004—1006 1009—1013 1015 1018 1019 1021 1023 1024 1027—1029 1031 1032 1052 1183 1210 1246 1257 1262 1264 1313 1316 1456 1469 1470 1489 1494 1496 1497 1501 1503 1507—1509 1557 1566 1592.

## SECTION XII.

**Histoire de peuples divers, et de localités.**

2 4 67 117 128 156 211 212 242 243 271 273 276 428 431 447 514 576 577 579 580 581 582 596—598 617 628 632 634 637 657 663 665 670—673 682 684 685 689—691 702 721 728 736 738 739 742 744 751 754 756 757 767 768 770 771 799—804 808 816 833 838 922 923 927 929 933 1008 1017 1026 1061 1062 1087 1169 1265 1277 1288 1353 1389 1472 1560.

## SECTION XIII.

**Histoire des personnes, et vies de saints.**

*Première division:*

Nous y avons réuni les vies de personnes ou de saints plus étendues, plus sérieuses, plus appropriées aux lecteurs instruits.

165 311 360 385 386 457 458 536 578 584 593 605 612 616 620 623 624 625 629 633 635 642—644 649 656 697 705 710 746 747 759—762 765 766 847 941 1002 1006 1012 1085 1312 1381 1477 1491 1499—1503 1505—1511 1514 1515 1522 1527—1531 1533 1535 1536 1542 1543 1546—1549 1552 1554 1555 1557—1560 1562—1566 1568 1571 1572 1576—1579 1584 1591 1592 1596 1599—1601 1603 1654 1655.

*Deuxième division:*

Vies particulières de personnes, vies de saints plus à la portée des lecteurs des sections XIX, XXII, XXIII, XXV.

46 144 211 529 558 563 578 583 586—592 595 606 607 609—611 613 618—623 630 636 639—641 645—648 650—655 658 659 662 709 745 752 753 763 764 793 809 848 1036 1053 1056—1059 1086 1220 1313 1359 1368 1438 1446 1454 1485—1490 1492—1494 1496—1498 1504 1512 1513 1516—1520 1523—1526 1532 1534 1536—1541 1544 1545 1550 1553 1556 1561 1564 1567 1569 1570 1573—1575 1580—1583 1588—1590 1595 1597.

## SECTION XIV.

**Voyages.**

*Première division :*

Comprenant les voyages généralement mieux écrits, ou qui conviennent mieux aux personnes instruites. Un bon nombre des livres qui y sont indiqués conviennent aux lecteurs des sections XVII, XX et XXI.

3 66 271 533 840 890 901 914 915 939 1040 1084 1154 1156 1263 1296 1360 1361 1363 1365 1367 1370 1378 1410 1587 1612 1613 1615 1617—1620 1622 1623 1625 1626 1628 1630 1633 1635 1638 1661.

*Deuxième division :*

Elle est plus à la portée de la jeunesse, de l'enfance, des personnes d'une instruction ordinaire; elle peut compléter les sections XIX, XXII, XXIII, XXV.

24 52 93 94 98 113 116 118 138 220 411 413 533 541 732 861 1034 1082 1141 1170 1171 1174 1242 1282 1289—1292 1356 1358 1364 1366 1369 1372 1435 1451—1453 1614 1616 1624 1627 1631 1632 1639—1646.

## SECTION XV.

**Sciences diverses.**

*Première division :*

Mêmes observations qu'à la première division de la section précédente.

88 90 256 274 275 365 366 438 442 470 473 674 790 900 993 1037 1128 1245 1254 1390 1404 1463.

*Deuxième division :*

Mêmes observations qu'à la seconde division de la section précédente.

53 64 109 125 160 256 377 404—406 408 429 448 449 473 534 775—776 787 864 934 1038 1064 1076 1089 1090 1212 1223 1279 1336 1374 1387 1609.

## SECTION XVI.

**Littérature.**

*Première division :*

Mêmes observations qu'à la première division de la section XIV.

68 115 148 173 181 182 193 194 198 207 262 280 395 410 423 437 454 525 545 546 555 566 574 594 608 731 772 774 810 815 843 853 855 887 936 939 950 959 981 990 993 995 1003 1046 1093 1104 1115 1122 1125 1126 1144 1224 1233 1388 1395 1421 1433 1443 1634.

*Deuxième division :*

Mêmes observations qu'à la seconde division de la section XIV.

1 139 179 180 181 198 200—202 280 303 323
324 362 437 481—485 508 509 530 820 952
1091 1130 1177 1202—1204 1219 1271 1354 1383
1384 1401 1449.

## SECTION XVII.

**Livres d'agrément pour tous les âges au-dessus de l'enfance.**

3 26 56 73 95 134 146 147 162 186 220 223
264 265 304 320 501 528 556 594 815 853 891
932 1008 1033 1039 1043 1046 1079 1095 1156 1183
1187 1226 1322 1408 1634 1658—1660.

L'histoire, les voyages, la littérature offrent souvent aux lecteurs autant d'intérêt et d'agrément que d'utilité. On pourra donc compléter cette section par un assez grand nombre des ouvrages indiqués aux sections VIII, IX, X, XI, XII, XIII, XIV, et XVI.

## SECTION XVIII.

**Livres qui offrent une utilité spéciale aux personnes mariées, aux mères de familles, à ceux qui sont chargés de l'éducation de l'enfance, ou de la jeunesse.**

23 106 151 152 153 335 370 558 568 700
821 830 895 898 917 957 994 1049 1260 1301
1310 1398 1591 1594 1653.

## SECTION XIX.

**Enfants.**

10 16 21 23 25 46 47 54 55 71 80 87 106 122
127 129 140 218 222 317 319 329 380 384 398
399 452 468 526 527 553 554 795—798 851
867 874 876 944 951 994 1007 1055 1069 1070 1105
1113 1150 1173 1175 1176 1179 1180 1184 1185 1197
1198 1252 1303 1399 1402 1439 1652.

On peut compléter cette section par les livres indiqués à la seconde division de chacune des sections III, IV, VII, VIII, IX, XIII, XIV, XV et XVI.

## SECTION XX.

**Livres plus particulièrement propres aux jeunes gens.**

20 26 47 114 270 301 318 369 498 505 518 567 911 949 1050 1146 1193 1197 1221 1275 1296 1443 1540 1541.

Les jeunes gens trouveront en outre un choix varié de lectures d'instruction, et d'agrément dans la plupart des sections précédentes, dans les divisions appropriées à la culture de leur esprit.

## SECTION XXI.

**Livres plus particulièrement propres aux jeunes personnes.**

11 17 26 44 49 50 107 134 146 210 216 219 245 295 309 363 388 400 401 460 461 510 511 528 559 560 858 881 885 916 956 966 1051 1054 1124 1205 1236 1381 1459 1541 1558 1586 1598 1606.

Aux ouvrages indiqués dans cette section et que nous croyons plus particulièrement propres aux jeunes personnes, on peut en joindre un grand nombre d'autres, pour l'instruction ou pour l'agrément, des sections de III à XVI, première ou seconde divisions, suivant la position des personnes ou le genre de leur éducation.

## SECTION XXII.

**Livres propres aux ouvriers.**

*Première division.*

Les livres désignés dans cette première division conviennent généralement aux personnes de travail de l'un et de l'autre sexe ; nous en avons renvoyés à une seconde division quelques-uns qui sont plus particulièrement propres aux ouvrières.

46 57 77 96 97 104 132 154 166 284 566 794 817 860 862 865 872 948 1044 1045 1152 1178 1380 1431 1460 1597 1604.

*Deuxième division.*

106 175 246 287 310.

Les lectures de cette classe de lecteurs pourront être complétées, soit pour l'instruction, soit pour l'agrément, par les livres compris dans les secondes divisions de chacune des sections III, IV, V, VII, VIII, IX, XIII, XIV, XVI, XIX, sans néanmoins en exclure les autres.

## SECTION XXIII.

**Livres propres aux domestiques.**

825 946 965 1048 1140 1324 1486 1556.

Voir en outre tous les livres indiqués dans les sections précédentes pour les personnes d'une instruction ordinaire.

## SECTION XXIV.

### Livres propres aux militaires.

29 48 73 95 101 126 972 1127 1165 1319
1483 1492 1593 1604.

## SECTION XXV.

### Livres propres aux habitants des campagnes.

12 57 77 78 101 103 131 133 154 157 166 174
192 284 314 488 490 836 841 1151 1166 1333
1467 1597.

Voir en outre tous les livres indiqués dans les sections précédentes pour les personnes d'une instruction ordinaire.

## SECTION XXVI.

### Livres propres aux personnes affligées.

Il y a tant de misères et d'afflictions dans ce monde que nous avons cru devoir former une catégorie des ouvrages qui offrent des motifs ou des modèles de patience et de résignation.

34 60 119 204 210 216 223 260 261 419 982
1088 1261 1278 1351 1352 1447.

## SECTION XXVII.

### Livres propres à être donnés en prix dans les maisons d'éducation.

Parmi les personnes vouées à l'éducation, beaucoup cherchent des renseignements sur les livres propres à être donnés en prix à leurs élèves. Nous avons tâché de leur venir en aide, en indiquant les articles de notre catalogue que nous croyons plus convenables à cette destination. Ces indications quoique incomplètes pourront néanmoins avoir leur utilité. Les titres seuls des ouvrages font connaître, pour l'ordinaire, ceux qui conviennent plus particulièrement aux jeunes gens ou aux jeunes personnes : la plupart conviennent aux uns et aux autres. Un assez bon nombre des ouvrages d'histoire générale ou particulière, et de ceux qui sont indiqués aux sections XV, XVI, XVII, XIX, XX et XXI, peuvent également être donnés en prix.

26 76 88 90 146 147 170 181 194 198 213 264
273 275 361 456 457 508 509 579 594 600 603 604
608 616 618 620 623 625 628 711 714 715 723 731
740 743 755 758 759—762 769 771 778 781 815
840 880 887 902 915 929 934 990 995 1009 1037
1046 1084 1091 1122 1154 1156 1230 1238 1294
1296 1383 1384 1388 1395 1410 1433 1448 1472
1571 1592 1618 1633.

FIN.

www.ingramcontent.com/pod-product-compliance
Ingram Content Group UK Ltd.
Pitfield, Milton Keynes, MK11 3LW, UK
UKHW021222230726
13926UKWH00003B/1180